KÖNIGS ERLÄUTERUNGEN SP

Textanalyse und Interpretation zu

Dirk Kurbjuweit

ZWEIER OHNE

Eine Novelle

Klaus Will

Alle erforderlichen Infos zur Analyse und Interpretation

Bange Verlag

Zitierte Ausgabe:
Kurbjuweit, Dirk: *Zweier ohne*. Eine Novelle. Text und Kommentar (= Buchners Schulbibliothek der Moderne, Heft 34, kommentiert von Klaus Will). Bamberg: C. C. Buchners Verlag, 2010

Über den Autor dieser Erläuterung:
Klaus Will, Studiendirektor, Seminarleiter und -lehrer für das Fach Deutsch, unterrichtet am Christian-Ernst-Gymnasium Erlangen Deutsch, Geschichte und Russisch; Schulbuchautor, Verfasser didaktischer Aufsätze, Tätigkeit als Schriftleiter und Herausgeber.

Hinweis:
Ergänzende Aufgaben mit Lösungen (Gert Singer: „Produktiver Umgang mit Literatur, bezogen auf die erarbeitete Lektüre *Zweier ohne*") zu dieser Königs Erläuterung können auf den Webseiten des Verlages unter www.bange-verlag.de sowie www.königserläuterungen.de heruntergeladen werden (kostenpflichtig).

2. Auflage 2016
ISBN: 978-3-8044-3097-6
PDF: 978-3-8044-5097-4, EPUB: 978-3-8044-4097-5

Titelbild: Johann (Tino Mewes) und Ludwig (Jacob Matschenz) im Film *Zweier ohne* (2008) © Stardust/Cinetext
Druck und Weiterverarbeitung: Tiskárna Akcent, Vimperk

1. DAS WICHTIGSTE AUF EINEN BLICK – SCHNELLÜBERSICHT

Damit sich jeder Leser in unserem Band rasch zurechtfindet und das für ihn Interessante gleich entdeckt, hier eine Übersicht:

Im zweiten Kapitel wird Dirk Kurbjuweits Leben und Werk kurz vorgestellt.

⇨ S. 10
→ Er wurde 1962 geboren und arbeitet als Journalist und Schriftsteller.

⇨ S. 11 f.
→ Seine Novelle *Zweier ohne* wurde 2001 veröffentlicht und spielt in den 1990er Jahren. Diese Zeit war durch umwälzende Ereignisse wie die deutsche Wiedervereinigung und den Zerfall der Sowjetunion geprägt.

⇨ S. 13 ff.
→ Kurbjuweit wurde für sein Wirken mehrfach ausgezeichnet.

Im dritten Kapitel bieten wir eine Textanalyse und -interpretation.

Zweier ohne – Entstehung und Quellen:

⇨ S. 20 ff.
Dirk Kurbjuweit verarbeitet in seinen literarischen Werken persönliche Erlebnisse, Zeitgeschehen und eigene Leseerfahrungen. Die Kulisse in *Zweier ohne* kann er aus seiner Erinnerung schöpfen: ein Freund von ihm wohnte unter einer Autobahnbrücke und er selbst ruderte als Jugendlicher, der Rest ist Kreativität und Imagination.

Inhalt:

⇨ S. 23 ff.
Die von dem mitunter unzuverlässigen, naiven und gutgläubigen Erzähler geschilderten Ereignisse liegen einige Jahre zurück und spielen in den 1990er Jahren. Im Mittelpunkt steht die außergewöhnliche Freundschaft zwischen Johann und Ludwig, die im Alter

von elf Jahren beginnt und mit Ludwigs Tod an dessen 18. Geburtstag endet. Am Tag zuvor haben die beiden erfolgreichen Sportler den Landesentscheid im Rudern – im Zweier ohne Steuermann – knapp verloren. Geschildert werden vor allem die Geschehnisse in den Monaten zuvor, in denen die Liebe Johanns zu Ludwigs Schwester immer intensiver wird. Trotz aller Beteuerungen werden die Brüche in der Freundschaft der beiden Jungen bemerkbar; das „Gelübde", immer das Gleiche zu tun, zu wollen und zu denken, lässt sich nicht verwirklichen, auch wenn Johann das nicht wahrhaben will.

Chronologie und Schauplätze:

Zeit der Handlung: 1990er Jahre (vgl. die Hinweise zum Zerfall Jugoslawiens bzw. zum Ende der Sowjetunion, 3. Kap, S. 30) ⇨ S. 34 ff.

Ort der Handlung: Der Erzähler wohnt in einem kleinen Städtchen an einem Stausee (Umzug nach der Grundschulzeit aus Berlin, vgl. 3. Kap., S. 31) im Großraum Berlin (vgl. den Landesentscheid gegen die Zwillinge aus Potsdam), Ludwig lebt mit seiner Familie etwas entfernt davon, fast genau unter einer Autobahnbrücke (mit dem Fahrrad braucht Johann ca. 15 Minuten zu ihm, vgl. 1. Kap., S. 5)

Personen:

Johann und Ludwig sind unterschiedliche Charaktere: Während der impulsive, selbstbewusste Ludwig oft die treibende Kraft ist, wirkt der Ich-Erzähler ruhiger, gutgläubig und etwas naiv; er folgt weitgehend unkritisch den Vorstellungen seines Freundes, der ihn z. B. zu Mutproben nötigt. Obwohl die Freundschaft für beide sehr wichtig ist, sie viel gemeinsam unternehmen und Momente des Glücks erleben, werden Gefährdungen und Brüche deutlich, wird eine Entfremdung der beiden spürbar. Eine wichtige Rolle spielt dabei Vera, ⇨ S. 42 ff.

die sich in Johann verliebt und damit die Exklusivität der Beziehung zwischen den Jungen in Frage stellt. Sie ist es auch, die aus der zeitlichen Distanz die wahre Ursache des Unfalls zu erkennen scheint. Der Blick auf die Nebenfiguren zeigt, dass diese kaum Einfluss auf die Entwicklung haben (die Eltern können z. B. ihren Kindern keine klare Orientierung geben) bzw. ausgeschlossen werden (Josefine, Marco).

Stil und Sprache:

➪ S. 73 ff.

Das Prosawerk Kurbjuweits weist alle wesentlichen Merkmale einer Novelle auf: mittlere Länge, klarer Aufbau mit einem Wendepunkt, „unerhörte“ Begebenheiten erregen das Interesse, ein zentraler Konflikt – die Entwicklung und Gefährdung der Freundschaft – steht im Mittelpunkt, Symbole und Motive bilden ein dichtes bedeutungstragendes Geflecht, das Möglichkeiten, aber auch Grenzen bzw. Gefahren der Freundschaft widerspiegelt. Besonders hervorzuheben sind Ruderboot, Motorrad, Turm, Brücke sowie das Zwillings- und Todesmotiv.

Die Geschehnisse werden ganz subjektiv – viele Jahre nach dem Unfall Ludwigs – geschildert aus der Sicht des Ich-Erzählers Johann, der sich nicht immer sicher ist, ob er sich richtig erinnert. Es wird nicht immer chronologisch erzählt, sondern es kommt zu Einschüben und Hinweisen auf Kommendes. Mitunter kommentiert der Erzähler seine Ausführungen. Die Sprache ist einfach und nähert sich bisweilen dem Mündlichen bzw. Umgangssprachlichen.

Interpretationsansätze:

➪ S. 90 ff.

Die Deutungen beziehen sich zum einen auf die Umstände des Unfalls, deren Erhellung zum tieferen Verständnis Ludwigs beitragen kann. Er hat möglicherweise aus Enttäuschung, vielleicht sogar aus enttäuschter Liebe seinen und Johanns Tod geplant. Darüber hinaus muss man feststellen, dass sich Johanns Identität nur unzureichend entwickelt hat. Seine starke emotionale Abhängigkeit von Ludwig währt weit über den Tod hinaus; er kann sich nicht emanzipieren, was sowohl im beruflichen wie im privaten Bereich Folgen hat (seinen ursprünglichen Vorstellungen nicht entsprechender Beruf, mangelnde Bindungsfähigkeit).

Dirk Kurbjuweit
*1962
© ullstein bild – B. Friedrich

2. DIRK KURBJUWEIT: LEBEN UND WERK

2.1 Biografie

JAHR	ORT	EREIGNIS	ALTER
03. 11. 1962	Wiesbaden	Geburt; Sohn eines kaufmännischen Angestellten und einer Hausfrau; wächst mit zwei Schwestern in Essen und Berlin auf	
1982	Essen	Abitur	19
1983	Köln	Studium der Volkswirtschaftslehre; Besuch der Journalistenschule	20
1988	Sambia/ Afrika	dreimonatiges Auslandsstipendium (von der Heinz-Kühn-Stiftung)	25
1989	Köln	Abschluss des Studiums als Diplom-volkswirt; Praktika bei verschiedenen Zeitschriften (u. a. bei der Zeitschrift „Motorrad")	26
1990–1999	Hamburg	Redakteur der Wochenzeitung „Die Zeit"	28–37
1999	Hamburg	Redakteur beim Magazin „Der Spiegel"	37
2002–2007	Berlin	stellvertretender Leiter des „Spiegel"-Hauptstadtbüros	40–45
2008–2012	Berlin	Leiter des „Spiegel"-Hauptstadtbüros	45–50
seit 2012		politischer Korrespondent beim „Spiegel"	50

Kurbjuweit ist verheiratet und hat zwei Kinder.

Er ist nicht nur mit seinen journalistischen Arbeiten, sondern auch mit Sachbüchern, Romanen, Novellen und Drehbüchern hervorgetreten.

2.2 Zeitgeschichtlicher Hintergrund

ZUSAMMEN-FASSUNG

Zweier ohne spielt in den 1990er Jahren. Das Jahrzehnt ist geprägt durch weltumfassende Ereignisse wie die deutsche Wiedervereinigung, den Zerfall der Sowjetunion und Jugoslawiens sowie die Stärkung der Europäischen Union und die neuen Kommunikationsmöglichkeiten.

Die 1990er Jahre

Am 03. 10. 1990 wird der Beitritt der DDR zur Bundesrepublik rechtskräftig, seitdem wird der 3. Oktober als „Tag der deutschen Einheit" gefeiert.

Am 17. 01. 1991 bricht der Zweite Golfkrieg aus (erster Golfkrieg zwischen Iran und Irak von 1980 bis 1988). Alliierte Streitkräfte unter Führung der USA bringen dem Irak eine schwere Niederlage bei. Das zuvor vom Irak besetzte Kuwait wird wieder geräumt, Saddam Hussein kann aber seine diktatorische Herrschaft im Irak wieder festigen.

Zerfall der Sowjetunion

1991 zerfällt die Sowjetunion, die „Gemeinschaft unabhängiger Staaten" (GUS) entsteht. Das Zeitalter des Kalten Krieges, d. h. die Konfrontation zwischen dem Westen (NATO) und dem sog. Ostblock (Warschauer Pakt) ist beendet. Russland sucht seine neue Rolle in der Weltpolitik.

1991/92 bricht die ehemalige Sozialistische Republik Jugoslawien auseinander, es beginnt ein Nationalitätenkrieg, der über Jahre den Balkan erschüttert. Insbesondere der Konflikt zwischen bosnischen Muslimen, griechisch-orthodoxen Serben und römisch-katholischen Kroaten wird mit großer Grausamkeit ausgetragen. Er kostet mindestens 250 000 Menschen das Leben und zwingt Millionen zur Flucht. Erst 1995 wird ein Friedensvertrag geschlossen.

Vertrag von Maastricht

1992 wird von den zwölf Mitgliedsstaaten der Europäischen Gemeinschaft der Vertrag von Maastricht unterzeichnet („Vertrag über die Europäische Union“), der u. a. eine Wirtschafts- und Währungsunion sowie eine gemeinsame Außen- und Innenpolitik vorsieht. Der Vertrag gilt als eine ganz entscheidende Etappe innerhalb des Weges der europäischen Einigung.

1994 wird das Ende des Apartheid-Regimes in Südafrika besiegelt, die Rassentrennung aufgehoben und Nelson Mandela erster schwarzer Präsident des Landes.

1998 löst Gerhard Schröder (SPD) den CDU-Politiker Helmut Kohl nach sechzehnjähriger Amtszeit als Kanzler ab.

1999 wird der Euro als Recheneinheit eingeführt (Umtausch nationaler Scheine und Münzen in Euro ab 2002).

In den 1990er Jahren entwickelt sich die Computertechnologie rasant weiter, Internet und World Wide Web befinden sich auf einem beispiellosen Siegeszug und revolutionieren Informationsverarbeitung und Kommunikation.

2.3 Angaben und Erläuterungen zu wesentlichen Werken

Werkübersicht

1995	*Die Einsamkeit der Krokodile* (Roman; verfilmt 2001, Buch und Regie Jobst Oetzmann)
1998	*Schussangst* (Roman; verfilmt 2002, Buch und Regie Dito Tsintsadze)
2001	*Zweier ohne* (Novelle; verfilmt 2008, Buch und Regie Jobst Oetzmann)
2003	*Unser effizientes Leben. Die Diktatur der Ökonomie und ihre Folgen* (Sachbuch)
2004	*Nachbeben* (Roman)
2005	*Operation Rot-Grün – Geschichte eines politischen Abenteuers* (Sachbuch; mit Cordt Schnibben und Matthias Geyer)
2008	*Nicht die ganze Wahrheit* (Roman)
2009	*Angela Merkel. Die Kanzlerin für alle?* (Sachbuch)
2011	*Kriegsbraut* (Roman)
2013	*Angst* (Roman)

Preise und Auszeichnungen

1998 und 2002	Egon-Erwin-Kisch-Preis für seine Reportagen
2003	„Goldene Muschel" des Internationalen Filmfestivals von San Sebastián für die Verfilmung von *Schussangst*
2003	„Goldener Prometheus" beim Filmfest in Tiflis für die Verfilmung von *Schussangst*; 2008 Emma-Journalistinnenpreis, Männerpreis
2009	Medienpreis Politik des Deutschen Bundestages
2011	Roman-Herzog-Medienpreis
2012	Deutscher Reporterpreis in der Kategorie ‚Bester Essay' (für die Reportage „Die halbe Kanzlerin")

1995	1998	2001	2004	2008	2011	2013
Die Einsamkeit der Krokodile	*Schussangst*	***Zweier ohne***	*Nachbeben*	*Nicht die ganze Wahrheit*	*Kriegsbraut*	*Angst*

Erläuterungen zu einzelnen Werken

Die Einsamkeit der Krokodile (1995)

In seinem Debütroman *Die Einsamkeit der Krokodile* (1995) erzählt Dirk Kurbjuweit die Geschichte Günthers, eines Außenseiters, der gedemütigt und gehänselt wird und der schließlich sogar vorübergehend in einer „Anstalt" landet. Ihm ist es, noch stärker als den beiden Jungen in *Zweier ohne*, nicht möglich, seine Identität zu finden, sein eigenes Leben zu gestalten; schließlich wird der Verdacht fast zur Gewissheit, dass ihn seine eigenen Eltern, die ihn immer einengten und bevormundeten, umgebracht haben. Der Ich-Erzähler, der von Günthers Schicksal berichtet, hat ähnliche Probleme, doch meistert er die Schwierigkeiten besser, vielleicht auch, weil der frühe Tod seiner Eltern ihm mehr Entfaltungsmöglichkeiten geboten hat. Wie die Novelle *Zweier ohne* thematisiert das Buch das Thema „Adoleszenz", wobei der Erzähler z. T. von bizarren Fantasien heimgesucht wird und grotesk-schaurige Szenarien beschrieben werden (vergleichbar mit der makabren Geschichte um die Leiche des Selbstmörders in der Novelle).

Schussangst (1998)

Schussangst ist der zweite Roman Kurbjuweits und erschien im Jahre 1998. Darin wird von dem Zivildienstleistenden Lukas Eiserbeck erzählt. Er will einen hochrangigen Politiker erschießen, der für Verbrechen und Völkermord im Bosnienkrieg (1992–1995) mit verantwortlich gemacht wird (den Mediziner und Präsidenten der Serbischen Republik Radovan Karadžić). Er beabsichtigt dies auch, um seine frühere Freundin Isabella, die aus einer indisch-moslemischen Familie stammt, zurückzugewinnen. Auffällig ist, dass der Protagonist ein erfolgreicher Ruderer ist, allerdings nicht im „Zweier ohne Steuermann", sondern im Deutschlandachter der Junioren fährt. Er hat zwar seine Karriere im Team beendet, trainiert aber weiterhin intensiv und ausdauernd. Lukas ist im Grunde ein versehrter, beschädigter Mensch. Äußeres Zeichen dafür ist eine große Kopfnarbe, die er seit einem Unfall in der Kindheit hat, als er gleichsam skalpiert worden ist – ein zentrales, den Roman leitmotivisch durchziehendes Symbol.

Auch in diesem Werk wird (vgl. die Erwähnung von Schillers Ballade *Die Bürgschaft* in der Novelle *Zweier ohne*) auf einen literarischen Text verwiesen und sogar mehrmals daraus zitiert; es handelt sich dabei um Albert Camus' Drama *Die Gerechten* (1949), in dem es um die Frage der Legitimität von politischen Anschlägen bzw. von Gewalt allgemein geht. Der orientierungslose Lukas, ein Einzelgänger und Eigenbrötler, verstrickt sich in eine Vielzahl von fragwürdigen und schließlich auch verbrecherischen Taten, die er trotz seiner zumindest zeitweisen moralischen Skrupel begeht. Zwar erschießt er nicht den Serbenführer (auch aufgrund seiner „Schussangst"), dafür aber eine pazifistische Pastorin, sodass er zum Mörder wird.

Nachbeben (2004)

2004 wurde der Roman *Nachbeben* veröffentlicht. Darin wird die Geschichte des Seismologen und Professors Luis (Jahrgang 1919) erzählt. Er lebt auf dem Kleinen Feldberg im Taunus und muss sich von seinem Traum verabschieden, Erdbeben vorhersagbar zu machen; diese Erdbeben können sinnbildlich für die Erschütterungen verstanden werden, die die Menschen in ihrem Leben auszuhalten haben, für die Abgründe, die sich immer wieder auftun. Auf dem Berg wohnt auch das Hausmeisterehepaar, Charlotte und Konrad.

Charlotte hat eine kurze außereheliche Affäre mit Luis und bekommt von ihm ein Kind, einen Jungen namens Lorenz, der nie erfährt, wer sein eigentlicher Vater ist. Ob Konrad davon weiß, bleibt offen (genauso wie in der Novelle *Zweier ohne* ungewiss ist, ob Ludwig von der Liebe seiner Schwester Vera zu Johann Kenntnis hat). Parallel zur Geschichte Luis' wird die Entwicklung des Sohnes zu einem erfolgreichen Banker und dessen Absturz geschildert. Während einer Geschäftsreise nach Albanien leistet er sich einen Seitensprung und überfährt bei einem Verkehrsunfall einen kleinen Jungen, der stirbt. Obwohl Lorenz an dem Unglück schuldlos ist, belasten die Erlebnisse in dem rückständigen Land ihn auf vielfältige Weise. Seine Ehe mit Selma droht zu scheitern.

Im Roman werden viele zeitgeschichtliche Hintergründe gespiegelt, insbesondere das Ringen um die Währung und die Einführung des Euros als Bargeld im Jahre 2002. Auch Autobiografisches fließt ein: So ist Konrad ein Waffennarr wie Kurbjuweits Vater, der seinem Sohn durchaus Furcht einflößte. Im Roman erschießt der vom Leben enttäuschte, eigenbrötlerische Hausmeister am Schluss seine Frau und sich selbst. Doch endet die Geschichte insofern hoffnungsvoll, als Lorenz und Selma nach einer schwerwiegenden Krise doch wieder zusammenfinden und mit ihrem Sohn Horand zu Luis auf den Feldberg ziehen wollen. „Das wird in den nächsten Tagen passieren. Es sieht gut aus, die Prognosen sind günstig", lauten die letzten Sätze des Romans.

Nicht die ganze Wahrheit (2008)

In dem Roman *Nicht die ganze Wahrheit* (2008) wird beschrieben, wie der Privatdetektiv Arthur Koenen dem Vorsitzenden einer großen Partei eine Liebesaffäre mit einer jungen rebellischen Bundestagsabgeordneten der eigenen Fraktion nachweist. Insbesondere E-Mails, zu denen sich Koenen unerlaubt Zugang verschafft, spiegeln Leidenschaft und Ausweglosigkeit der Beziehung wider. In diesem Roman kann Kurbjuweit als Hauptstadtredakteur all seine Erfahrungen und Kenntnisse über den Politikbetrieb voller Intrigen und Machtspiele, in denen Ideale keinen Platz zu haben scheinen, einfließen lassen. Anspielungen auf Personen und aktuelle Entwicklungen zu Beginn des 21. Jahrhunderts werden deutlich (z. B. Kürzung von Sozialleistungen, Afghanistan-Krieg). Wie in der Novelle *Zweier ohne* wird aus der Ich-Perspektive geschrieben, wobei der Protagonist, der Detektiv, eine außergewöhnliche Persönlichkeit ist – er ist auf Ehebruch und Taschendiebstahl im Berliner Zoo spezialisiert, hat aber auch, wie es schon auf der ersten Seite heißt, „eine Studie über das Küssen" verfasst (und verliebt sich schließlich selbst in die attraktive Parlamentarierin, die das freilich gar nicht mitbekommt). Der Roman ist kunstvoll komponiert und weist Symbole und Motive auf, z. B. den Personenaufzug, den die beiden Verliebten für einen kurzen Austausch von Zärtlichkeiten nutzen, der aber darüber hinaus das Auf und Ab sowohl der Liebesbeziehung als auch der politischen Karriere versinnbildlicht.

Kriegsbraut (2011)

Der Roman *Kriegsbraut* erschien 2011. Darin wird die Geschichte einer jungen Frau aus der ehemaligen DDR namens Esther Dieffenbach erzählt, die aus enttäuschter Liebe Soldatin wird und sich zum Einsatz nach Afghanistan meldet. Dort erlebt sie die Gräuel des Krieges, wird in ein Gefecht verwickelt und fühlt sich mitschuldig am Tod einer Frau und zweier Kinder. Sie kommt aber auch einem Einheimischen, einem Schuldirektor, näher, beginnt eine Beziehung gegen alle Regeln, muss am Ende jedoch erkennen, dass sie ihre Liebe nicht leben kann. Kurbjuweit verknüpft in diesem Roman wiederum aktuelle politische Geschehnisse und Ereignisse wie den umstrittenen Auslandseinsatz der Bundeswehr mit einer Gesellschaftskritik, die zum Beispiel dadurch zum Ausdruck kommt, dass die traumatisierende Realität in Afghanistan scharf kontrastiert wird mit dem veräußerlichten Gesellschaftsleben in Berlin. Wie in seinen anderen Prosawerken werden existenzielle Themen wie Angst, Orientierungslosigkeit, Tod und Liebe angesprochen. Interessant, dass der Vater der Protagonistin Jäger und im Umgang mit Schusswaffen geübt ist (vgl. ähnliche Figuren in den Romanen *Nachbeben* und *Angst*). Auch verwendet Kurbjuweit (wie in der Novelle *Zweier ohne*) zur Deutung herausfordernde Motive und Symbole; zu erwähnen ist eine fein geschmückte, selbst bestickte Burka, mit der eine Kameradin Esthers in Afghanistan eine Schaufensterpuppe bekleidet. Sie ist Sinnbild für das Fremde, aber auch Faszinierende, steht für die Sehnsucht nach Trost, Geborgenheit und Hilfe; doch die Soldatin hält das grausame, sinnlose Töten nicht mehr aus, zieht sich selbst die Burka an und erschießt sich.

Angst (2013)

Angst heißt der 2013 publizierte Roman von D. Kurbjuweit, und damit ist auch das zentrale Motiv dieses Werkes genannt. Ein Stalker namens Tiberius versetzt das Ehepaar Tiefenthaler in Angst und Schrecken, indem er der Frau nachstellt und sie und ihren Mann Randolph, einen erfolgreichen Architekten, bezichtigt, die eigenen Kinder zu missbrauchen. Der Ich-Erzähler Randolph berichtet von den Geschehnissen und gewährt dabei auch tiefen Einblick in das Verhältnis zu seinem Vater, einem Waffennarren und Sportschützen, vor dem er in der Kindheit immer Angst hatte. Alle Bemühungen, den Nachstellungen und Anschuldigungen des Tiberius, eines in der Kindheit misshandelten und missbrauchten, unberechenbaren Mannes, mittels Polizei und Justiz zu entkommen, scheitern, sodass Randolph die ihm vom Vater zugeschobene Pistole nimmt und den Peiniger erschießt. Die Schuld nimmt aber der Vater auf sich, der für seinen Sohn ins Gefängnis geht.

Der Roman hat starke autobiografische Züge, da Kurbjuweit und seine Familie tatsächlich von einem Stalker bedroht wurden und Kurbjuweits Vater Besitzer zahlreicher Waffen war.

Es fällt auf, dass manche Aspekte und Motive aus anderen Romanen wieder auftauchen (so ist eine der Hauptfiguren im Roman *Nachbeben*, Konrad, jemand, der aus Angst ständig eine Waffe bei sich trägt). Interessant ist, dass das Motiv der Angst auch in der Novelle *Zweier ohne* ein wichtige Rolle spielt, denn der elfjährige Johann sagt z. B.: „Ich war in einem Alter, in dem der Tod die große Angst ist, aber nicht der eigene, der kommt einem unmöglich vor. Wir hatten alle eine Riesenangst vor dem Tod unserer Eltern […].“ (S. 19, Z. 8 ff.) Erwähnenswert erscheint darüber hinaus, dass Randolph Tiefenthaler als Architekt arbeitet, gleichsam die Träume der Protagonisten in *Zweier ohne* von einem gigantischen Turmbau in bescheidenem Maße verwirklicht hat, wobei seine ursprünglichen Fantasien von einer neu zu bauenden Welt ähnlich unrealistisch und großspurig waren wie die der Jungen in der Novelle.

3. TEXTANALYSE UND -INTERPRETATION

3.1 Entstehung und Quellen

ZUSAMMEN-FASSUNG

Dirk Kurbjuweit verarbeitet in seinen literarischen Werken persönliche Erlebnisse, Zeitgeschehen und eigene Leseerfahrungen.
Die Kulisse in *Zweier ohne* kann er aus seiner Erinnerung schöpfen: ein Freund von ihm wohnte unter einer Autobahnbrücke und er selbst ruderte als Jugendlicher, der Rest ist Kreativität und Imagination.

Anlässlich des Erscheinens seines Romans *Angst* (2013) veröffentlichte Dirk Kurbjuweit einen Essay im „Spiegel". Darin erläutert er, dass in jedem seiner Bücher persönliche Erlebnisse und Erfahrungen verarbeitet sind, ohne dass das eigene Leben natürlich eins zu eins abgebildet werde, denn:

> „Die Erinnerung schafft einen Rahmen, aber vor jedem Satz steht nicht die Frage: Was ist passiert?, sondern die Frage: Was braucht die Erzählung? Erst im Triumph des Erzählens über das Erlebte entsteht Literatur."[1]

In Kurbjuweits Werken spiegelt sich nicht nur Privates wider, sondern es fließen auch seine Erkenntnisse als politischer Journalist ein (historische Hintergründe beziehen sich in seinen Romanen z. B.

---

1 Kurbjuweit, Dirk: „Einer von mir. Schriftsteller werden oft gefragt: Was in Ihrem Roman sind Sie selbst? Die Antwort: alles." In: Der Spiegel 8/18. 02. 2013, S. 126 f. Im Internet: http://www.spiegel.de/spiegel/print/d-91056788.html (Stand: April 2013)

auf die Geschichte der DDR, die Währungsunion, den Balkankrieg, den Afghanistankrieg). Auch Leseerlebnisse werden offensichtlich verarbeitet. In dem Roman *Schussangst* spielt beispielsweise Albert Camus' Drama *Die Gerechten* eine Rolle, während in der Novelle *Zweier ohne* mit der Erwähnung von Schillers Ballade *Die Bürgschaft* auf ein zentrales Thema, nämlich das der Freundschaft, verwiesen wird. Das Motiv des Ruderns kommt auch in dem erwähnten Roman *Schussangst* vor, da der Protagonist erfolgreicher Sportler im Deutschlandachter der Junioren war. Überhaupt ist eine Nähe Kurbjuweits zum Rudersport festzustellen. So verfasste er eine eindringliche Reportage über Bahne Rabe, als Schlagmann im Achter Olympiasieger 1988 und im Vierer mit Steuermann 1991 Weltmeister; er erkrankte an Magersucht und verstarb 2001, dem Erscheinungsjahr der Novelle *Zweier ohne*. Manche Charakterzüge dieses Ausnahmeathleten lassen sich in ähnlicher Form auch bei Ludwig, einem Protagonisten dieser Novelle, feststellen (eigenbrötlerisch veranlagt, eher schweigsam, manchmal mit aggressiven Schüben, Probleme mit Frauen und seiner Familie).[2] Kurbjuweit war übrigens in seiner Jugend selbst sportlich aktiv.

In einem schriftlichen Interview geht er bei der Beantwortung der Frage, ob er für seine Novelle lange recherchiert habe, auf biografische Details ein:

> „Ich habe eigentlich gar nicht recherchiert. Ich habe als Jugendlicher gerudert, und die Brücke ist ein Ort meiner Jugend, die Autobahnbrücke über dem Ruhrtal zwischen Essen und Düsseldorf. Ein Freund von mir hat unter dieser Brücke gelebt, und ihm sind oft Selbstmörder in den Garten gesprungen. Das konnte ich

---

2 Vgl. Kurbjuweit, Dirk: „Magersucht. Locker, Bahne, locker", in: Der Spiegel 45/05. 11. 2001. Im Internet: http://www.spiegel.de/spiegel/print/d-20521514.html (Stand: April 2013)

aus meiner Erinnerung schöpfen. Der Rest ist Phantasie, Denken. Ich trage einen Roman in der Regel zwei bis drei Jahre mit mir rum, denke manchmal mit bedrängender Intensität darüber nach, vergesse ihn dann wieder. Ich mache mir Notizen über meine Gedanken, und so fügt sich die Geschichte allmählich zusammen. Wenn ich anfange zu schreiben, steht die Geschichte. Und dann ändert sie sich beim Schreiben. Manchmal ist es so, als würden meine Figuren mehr über mich herrschen als ich über sie. Die machen einfach was sie wollen."[3]

3 Brief an die Schüler einer 10. Klasse. Im Internet: http://ngbuesum.de/wikka/wikka.php?wakka=AntwortKurbjuweit (Stand: April 2013). Das vollständige Interview findet sich im Materialienteil auf Seite 110 ff.

3.2 Inhaltsangabe

ZUSAMMEN-FASSUNG

Die von dem mitunter unzuverlässigen, naiven und gutgläubigen Erzähler geschilderten Ereignisse liegen einige Jahre zurück und spielen in den 1990er Jahren. Im Mittelpunkt steht die außergewöhnliche Freundschaft zwischen Johann und Ludwig, die im Alter von elf Jahren beginnt und mit Ludwigs Tod an dessen 18. Geburtstag endet. Am Tag zuvor haben die beiden erfolgreichen Sportler den Landesentscheid im Rudern – im Zweier ohne Steuermann – knapp verloren. Geschildert werden vor allem die Geschehnisse in den Monaten zuvor, in denen die Liebe Johanns zu Ludwigs Schwester immer intensiver wird. Trotz aller Beteuerungen werden die Brüche in der Freundschaft der beiden Jungen bemerkbar; das „Gelübde", immer das Gleiche zu tun, zu wollen und zu denken, lässt sich nicht verwirklichen, auch wenn Johann das nicht wahrhaben will.

Kapitel 1

Beginn der Freundschaft zwischen Johann und Ludwig (beide elf Jahre)

Der Ich-Erzähler, Johann, erinnert sich daran, wie Ludwig und er Freundschaft geschlossen haben, als beide elf Jahre alt sind. Er besucht Ludwig damals das erste Mal und darf gleich bei ihm übernachten; er liegt wach, während Ludwig schon seit zweieinhalb Stunden schläft. Es ist zwei Uhr in dieser Sommernacht, als ein Mädchen in Selbstmordabsicht von der hohen Autobahnbrücke springt, unter der das Haus der Familie Ludwigs steht.

In Rückblenden gibt Johann die Ereignisse bis zu diesem Moment wieder. Ludwig und Johann haben sich zwei Wochen vorher im Gymnasium kennengelernt; Ludwig hat die Schule gewechselt und wird seiner neuen Klasse, die sich gerade mit Friedrich Schillers Ballade *Die Bürgschaft* beschäftigt, vom Rektor vorgestellt. Ludwig erregt deshalb ein gewisses Aufsehen, weil er selbstbewusst auftritt und sich von den ironisch-herablassenden Äußerungen des Rektors nicht beeindrucken und einschüchtern lässt, sondern geradezu vergnügt seine Schlagfertigkeit unter Beweis stellt. Johann berichtet, dass er zu dieser Zeit auf der Suche nach einem Freund gewesen und wohl auch deshalb einem Ruderverein beigetreten ist.

Während der Ich-Erzähler wach liegt, denkt er daran, dass Ludwig ihm erzählt hat, dass ein Arbeiter beim Bau der Brücke verunglückt und in einem Pfeiler einbetoniert worden sei. Auch deshalb wirkt das gigantische Bauwerk unheimlich und furchteinflößend. Johann rekapituliert die letzten zwei Wochen, in denen sich die Freundschaft zu Ludwig entwickelt, die aber erst in dieser Nacht unumstößlich wird.

Am Tag des Besuchs lernt Johann auch Ludwigs zehnjährige Schwester Vera und den Vater kennen, der in seiner Werkstatt Motorräder repariert. Eine Katze namens Otto, die sich im Raum befindet, wird als verwahrlost beschrieben. Ludwig und Johann spielen mit den Motorrädern, ehe sie am späten Nachmittag auf die Brücke klettern und Ludwig seinem Kameraden eine Mutprobe abverlangt, die darin besteht, über die vielbefahrene Autobahnbrücke zu laufen. Trotz großer Ängste stellt sich Johann dieser „Prüfung“ und besteht sie. Beide sind erleichtert und geradezu euphorisch, auch weil sie erkennen, dass sonst niemand dieses Wagnis eingegangen wäre. Johann aber bleibt skeptisch, ob Ludwig sein Freund sein könne, denn ihn irritieren sowohl dessen albinoähnliches Äußeres – sein weißes Haar und seine weiße Haut – als auch sein Verhalten und das merkwürdige Zuhause.

Mutprobe auf der Autobahnbrücke

Am Abend essen sie unzählige Pfannkuchen, die der Vater zubereitet. Auch Vera ist anwesend und beteiligt sich schweigend an einer Art Wettessen, das sie schließlich gewinnt; Johann fühlt sich unwohl, leidet unter einem Völlegefühl und empfindet Ekel aufgrund des nach Altöl riechenden Katers.

Das Mädchen, das vom Himmel fiel

Kurz nach 2 Uhr hört Johann ein Geräusch, das Ludwig weckt. Beide schleichen sich aus dem Haus und entdecken eine junge Frau, die sich von der Brücke gestürzt hat und tot daliegt. Johann registriert, dass Ludwig aufgeregt, neugierig und dabei fasziniert wirkt. Er hat keine Furcht vor der Toten, schließt ihr sogar die Augenlider; er kennt diese Situation, weil öfter Selbstmörder von der Brücke springen. Während Polizei, Arzt und Bestatter sich um den Leichnam kümmern, spekulieren Ludwig und Johann, wieder in ihren Betten liegend, über die Motive des – wie sie schätzen – sechzehn- oder siebzehnjährigen Mädchens.

Der Ich-Erzähler erkennt, dass Ludwig in dieser Nacht sein Freund geworden ist, weil er so furchtlos und souverän auf die Geschehnisse reagiert hat und ihm gegen seine Todesängste helfen konnte.

Kapitel 2

Fünf Jahre später, Johann und Ludwig sind siebzehn

Der Ich-Erzähler berichtet von den Ereignissen ca. fünf Jahre später. Ludwigs Eltern sind verreist, Vera hat vor, bei einer Freundin zu übernachten. Ludwig hat Johann zu sich bestellt, ohne ihm zu sagen warum. Der Grund ist Josefine, eine sechzehnjährige Russlanddeutsche mit Goldzahn, die die beiden nur vom Sehen her kennen; sie gilt als etwas einfältig, und es heißt von ihr, dass sie „leicht zu haben sei" (S. 20, Z. 29).

Das Erlebnis mit Josefine

Die mittlerweile Siebzehnjährigen wollen praktische sexuelle Erfahrungen sammeln und das erste Mal mit einem Mädchen schlafen. Da sie wie Zwillinge sein möchten, glauben sie, alles gemeinsam machen zu müssen. Ludwig hat das Treffen arrangiert und freut sich sichtlich über das Kommende. Johann hat zwar andere Vorstellun-

Johann (Tino Mewes) und Ludwig (Jacob Matschenz) auf der Brücke im Film *Zweier ohne* (2008) © Stardust/ Cinetext

gen, träumt vom Verliebtsein, doch fügt er sich Ludwig, der zuerst mit dem Mädchen in sein Zimmer geht. Johann wartet aufgeregt, am Küchentisch sitzend, als überraschenderweise Vera kommt. Der Vater ihrer Freundin ist nach zweieinhalb Jahren Trennung zu seiner Familie zurückgekehrt, weshalb es mit der geplanten Übernachtung nicht geklappt hat. Johann verwickelt Vera in ein Gespräch, in dem auch erwähnt wird, dass sich Johanns Eltern vor vier Jahren getrennt haben. Plötzlich kommt Ludwig die Treppe herunter. Er wirkt ernst, beachtet Freund und Schwester nicht und verlässt schweigend das Haus. Unter einem Vorwand begibt sich nun Johann zu Josefine. Sie erkennt die Verlegenheit des Jungen und nimmt ihm seine Angst.

Johann erkundet und erforscht den Körper des Mädchens, genießt die Situation und schläft mit ihr. Ludwig bekommt er nicht mehr zu Gesicht.

Erfolg im Zweier ohne, trotz der Konkurrenz

Erst am übernächsten Tag treffen sich die beiden beim Training im Ruderclub wieder. Sie fahren den „Zweier ohne“ in der Leichtgewichtsklasse und sind bei Wettkämpfen sehr erfolgreich. Konkurrenz ist ihnen erwachsen durch eineiige Zwillingsbrüder aus Potsdam.

Rückblick: das „Zwillingsgelübde“ mit sechzehn

Der Ich-Erzähler erinnert sich, dass Ludwig und er im Jahr vor dem Erlebnis mit Josefine nach zwei Niederlagen zur Brücke hinaufgestiegen sind. Die 16-Jährigen sind recht verzweifelt, und Ludwig fordert, dass sie nun wie Zwillinge werden müssten, um wieder siegen zu können. Er tut dies auf drastische Art und Weise, indem er mit der Gefahr auf der Brücke spielt und fordert, dass, wenn der eine in die Tiefe springe, der andere ihm folgen müsse. Johann pflichtet ihm bei, nachdem er anfangs irritiert und verschreckt reagiert hat: „Ich war sehr glücklich an diesem Abend. Wir waren Freunde und jetzt würden wir Zwillinge werden.“ (S. 26, Z. 17 ff.)

Auch im Rückblick ist der Ich-Erzähler von diesem „Zwillingsgelübde“ begeistert und von dessen Richtigkeit überzeugt (vgl. S. 26, Z. 20 ff.). Seit diesem Zeitpunkt verbringen die beiden noch mehr Zeit miteinander und haben bald sportlich wieder den gewünschten Erfolg.

Nach diesem Rückblick wendet sich der Ich-Erzähler erneut den Geschehnissen beim Rudertraining zu. Johann erhält keine Erklärung für Ludwigs Verhalten und hat ihn auch am Tag zuvor, einem Sonntag, nicht erreicht, sodass er nicht mit ihm über seine Erlebnisse hat sprechen können. Es ist offensichtlich, dass Ludwig nicht mit diesem Thema konfrontiert werden will. Er maßregelt Johann bei der Trainingsfahrt harsch, als dieser Josefine am Ufer sitzen sieht und vermeintlich nicht seine ganze Konzentration auf das Rudern richtet. Schließlich äußert sich Ludwig abfällig über Josefine und fordert Johann auf, die „Russenschlampe“ (S. 28, Z. 8) zu vergessen. Diesem Diktat beugt sich der Ich-Erzähler, hält das auch im Nachhinein für richtig, obwohl er feststellen muss, dass in ihm eine gewisse Sehnsucht geweckt worden ist; er erwähnt noch, dass Ludwig auch in der folgenden Zeit dem Thema Josefine bzw. Mädchen im Allgemeinen immer ausgewichen ist, erwägt sogar, ob Ludwig nur auf sein Drängen hin überhaupt das Treffen mit der jungen Russlanddeutschen arrangiert hat (vgl. S. 28, Z. 15 ff.).

Kapitel 3

Johann und Ludwig fühlen sich wohl, sie sind oft ausgelassen und glücklich; sie „waren Zwillinge geworden“ (S. 29, Z. 27) – so ihre Empfindung. Manchmal sprechen sie über ihre Träume. Berichtet Johann aber von einem Traum mit Josefine, will Ludwig davon nichts wissen (später verschweigt er ihm seine Träume von Vera).

Ludwig und Johann verprügeln Josefines Brüder

Der Ich-Erzähler erwähnt auch, dass sie die zwei Brüder des Mädchens verprügelt haben, als diese die Freunde zur Rede stellen wollten. Zur Schule gehen Johann und Ludwig ganz gerne. Sie brauchen keine anderen Freunde, und als ein ehemaliger Schulkamerad aus Berlin namens Marco auftaucht und Johann sich um ihn kümmert, wird die Verbindung auf Betreiben Ludwigs nach wenigen Wochen abgebrochen (vgl. S. 31).

Marco wird aus der Freundschaft ausgeschlossen

Auch Vera geht jetzt auf dasselbe Gymnasium, und Johann bemerkt, dass sie ihm „ganz gut“ gefällt (S. 31, Z. 34). Er kommt ihr näher, als ein Mädchen aus der Eingangsklasse entführt und erst drei Wochen später nach Zahlung eines hohen Lösegeldes frei gelassen worden ist. Es stellt sich heraus, dass die Verbrecher das Mädchen in einem Brückenpfeiler versteckt hatten. Der Fall beschäftigt die Freunde sehr, die auch selbst nach der Entführten fahnden. Als Johann am Tag der Freilassung kurz nach Mitternacht das Haus Ludwigs verlassen will, bemerkt er Vera in der Werkstatt, die aus Mitleid mit dem Mädchen weint. Nach kurzem Zögern tröstet Johann sie und die beiden kommen sich näher. Der Beginn ihrer Liebe lässt sich auf diesen Moment datieren. Johann kommt zu dem Schluss, Ludwig nichts von diesem Ereignis zu erzählen.

Johann und Vera kommen sich näher, Johann verschweigt es gegenüber Ludwig

In diesem Sommer sollen die Landesmeisterschaften im Rudern stattfinden, Ludwig und Johann sind gut in Form, haben die Potsdamer Zwillinge in dieser Saison schon viermal geschlagen. Eines Tages wollen sie nicht wie üblich von Johanns Vater zu einem Rennen gefahren werden, sondern Ludwig nimmt sich unerlaubterweise ein Motorrad und fährt, obwohl er als Siebzehnjähriger noch keinen Führerschein besitzt, mit Johann zum Wettkampfort.

Sieg über die Potsdamer Zwillinge

Sie gewinnen das Rennen gegen ihre Erzrivalen aus Potsdam, doch auf dem Rückweg werden sie von der Polizei gestoppt. Die beiden tauschen allerdings die Rollen und der Ich-Erzähler behauptet, gefahren zu sein, nimmt die Schuld also auf sich. Während Ludwig nach dem Zwischenfall großen Ärger mit seinem Vater bekommt, wird Johann zu zwanzig Sozialstunden verurteilt. Einige Wochen danach trifft Johann kurz nach Mitternacht zufällig Vera in der Werkstatt an, sie streicheln und liebkosen sich, gehen schließlich zum Waldesrand und schlafen das erste Mal miteinander.

Johann nimmt Schuld auf sich

Kapitel 4

Gemeinsame Projekte: Reparatur eines Motorrads und Traum vom Turmbau in Asien

Der Ich-Erzähler berichtet, dass sich in der Mitte des Sommers Ludwig und er ausführlich und mit viel Freude mit der Reparatur eines Motorrades der Marke Triumph beschäftigen, das sie fahren wollen, wenn sie im Herbst bzw. Winter den Führerschein haben. Gleichzeitig träumen sie davon, nach dem Abitur einen hohen Turm in Asien zu bauen, und stellen sich das Projekt bis ins Detail vor. Allerdings verschlechtert sich Ludwigs Laune zunehmend. Johann nimmt an, dass dieser Stimmungswechsel damit zusammenhängt, dass sein

Freund ständig hungern muss, um sein Wettkampfgewicht zu erreichen. Als sie ein Rennen gegen die Potsdamer Zwillinge verlieren, trainieren sie noch mehr: „Trainieren, schrauben, das waren unsere Beschäftigungen in jenem Sommer." (S. 43, Z. 26 f.) Der Ich-Erzähler erinnert sich an eine Bemerkung Ludwigs während der Reparatur des Motorrades, dass das Leben von einem Bremshebel abhängen könne (vgl. S. 43, Z. 38 ff.).

Die beiden verbringen noch mehr Zeit miteinander, gleichzeitig intensiviert Johann seine Beziehung zu Vera, allerdings ohne dass Ludwig davon in Kenntnis gesetzt wird. Auch sie träumt jetzt von dem Turm in Asien, in den sie einziehen möchte. Den Ich-Erzähler stört das aber insofern, als dies ein Vorhaben von Ludwig und ihm sei (vgl. S. 46, Z. 26 f.). Das Verhältnis wird auch in der Schule weitgehend geheim gehalten, nur Flavia, Veras beste Freundin, weiß offensichtlich davon. Möglicherweise haben die beiden Mädchen auch erotische Erlebnisse miteinander, jedenfalls macht Vera entsprechende Andeutungen (vgl. S. 47, Z. 14 ff.).

Flavia, Veras beste Freundin

Eines Tages gerät Ludwig „außer Kontrolle" (S. 48, Z. 8), als er seine Schwester in der Werkstatt auf der Triumph sitzen sieht. Er schlägt hemmungslos und brutal auf sie ein, bis der Vater zusammen mit dem Ich-Erzähler ihn von Vera wegziehen kann. Allerdings kommt es zu einer Schlägerei zwischen den zwei Freunden, die unentschieden endet. Der Ich-Erzähler verharmlost das Geschehen und entschuldigt Ludwig noch im Nachhinein (vgl. S. 48, Z. 21 ff.).

In den nächsten Wochen arbeiten und trainieren die beiden weiter, doch sie reden nicht mehr so viel miteinander. Als Johann seinen missmutigen Freund mit seinen Vorstellungen vom Turm in Asien aufmuntern will, reagiert dieser harsch und weist ihn brüsk zurück („Hör doch mal auf, sagte er, von diesem Scheiß-Schlitzaugenturm zu labern", S. 49, Z. 21 f.).

Einige Zeit zuvor, das erwähnt der Ich-Erzähler nun, hatte Ludwig wieder einen Toten auf dem Grundstück entdeckt. Die beiden melden auf Betreiben Ludwigs den Selbstmord der Polizei nicht; sie betrachten die Leiche intensiv, spekulieren u. a. über die Gründe des Suizids und verstecken den Leichnam. Sie teilen nun ein Geheimnis und glauben, dass dieses sie „noch fester verbinden" werde (S. 53, Z. 30). Sie machen sich Gedanken darüber, welchen Beruf der Mann ausgeübt habe, und malen sich für ihn ein glücklicheres Leben als Hausmeister in ihrem asiatischen Turm aus. Sie freuen sich, dass sie mit ihrer Vermutung, er sei Bauer gewesen, richtig gelegen haben. Das stellt sich heraus, als zwei Polizisten bei seinem Vater nach dem Vermissten fragen. Die beiden Jugendlichen verschweigen weiterhin ihren Fund und versenken die Leiche schließlich nachts im Fluss. Danach begeben sie sich auf die Brücke, und Ludwig fordert erneut in einer Art Mutprobe die Gefahr heraus, indem er seinen Freund nötigt, gemeinsam mit ihm freihändig auf dem Absperrgitter der Brücke zu sitzen und in die Tiefe hinabzublicken.

Das Geheimnis um den Selbstmörder, den sie verstecken, soll sie „noch fester verbinden"

Erneute Mutprobe auf der Brücke

Der Ich-Erzähler erwähnt im Anschluss an diese Episode, dass die Beziehung zu Vera noch intensiver geworden ist, nachdem er seine Freundin eine Woche lang nicht zu Gesicht bekommen hat. Sie lieben sich erstmals nicht im Freien, sondern in der Werkstatt und träumen davon, mit dem Motorrad ans Meer zu fahren. Zehn Tage vor dem Landesentscheid ist Ludwig verzweifelt, weil die beiden ein Vorbereitungsrennen gegen die Potsdamer Zwillinge verloren haben. Er wird undiszipliniert und isst – in der Wirtschaft und zu Hause – hemmungslos, sodass Johann entsprechend hungern muss, damit sie das für den Wettkampf geforderte Gewicht nicht überschreiten. Der Ich-Erzähler nimmt seinen Freund trotzdem in Schutz und verteidigt ihn, als er zu Vera sagt: „Er hat die ganze Zeit gehungert, [...] es ist sein gutes Recht, dass er auch einmal ordentlich isst." (S. 61, Z. 38 ff.) Nur aufgrund seiner außerordentlichen

Ludwig isst unkontrolliert und gefährdet den Landesentscheid

Niederlage gegen die Potsdamer Konkurrenten

Anstrengungen können sie am Rennen teilnehmen, das sie knapp verlieren. Nach diesen schwierigen Tagen fallen sie sich erschöpft und erleichtert in die Arme: „Ich würde sagen, es war eine richtig große Umarmung, so wie man sie in den Filmen sieht, wenn einer auf ein Dampfschiff steigt und ein anderer bleibt zurück." (S. 63, Z. 34 ff.) Ludwig fährt anschließend alleine nach Hause, weil er für die Führerscheinprüfung am nächsten Tag lernen will.

Der Ich-Erzähler sorgt sich um Ludwig, da der sich den Sieg so sehnlich gewünscht habe, sich Niederlagen sehr zu Herzen nehme und zum Grübeln neige. Deshalb fährt er in der Nacht noch zu Ludwig, in der Furcht, er könnte sich etwas angetan haben. Nachdem Johann nicht ins Haus gekommen ist, fährt er zur Brücke, doch es ist niemand da. Auf dem Rückweg begegnet ihm Vera, wobei deutlich wird, dass beide einen Selbstmordversuch des jeweils anderen nicht ausgeschlossen haben (wegen der Niederlage bzw. wegen des Umstandes, dass Johann seine Freundin in letzter Zeit einige Male ignoriert hat). Vera betont, dass ihr Ludwig leidtue, und Johann versichert, dass er mit seinem Freund reden werde.

Kapitel 5

Ludwig besteht die Fahrprüfung und bricht mit Johann zu einer Spritztour auf ihrem Motorrad auf

Am nächsten Tag besteht Ludwig seine Führerscheinprüfung. Der Ich-Erzähler gratuliert ihm, will ihn umarmen, „aber es war eine dieser Umarmungen, die uns nicht gelangen" (S. 66, Z. 32 f.). Beide unternehmen eine Spritztour mit dem reparierten Motorrad. Johann genießt die ziellose Fahrt. Als sie eine Rast einlegen, überlegt sich Johann, Ludwig von seiner Beziehung zu Vera zu erzählen, lässt es aber bleiben. Sie fahren weiter, und an einer Kreuzung kommt es zu einem Zusammenstoß mit einem LKW, dem Ludwig die Vorfahrt genommen hat. Ludwig stirbt, während Johann schwer verletzt wird.

Bei einem Unfall stirbt Ludwig und Johann wird schwer verletzt

Der Ich-Erzähler gewährt Einblick in die Zeit nach der Katastrophe: Er trauert immer noch um seinen Freund, ist unverheiratet geblieben und erwähnt, dass er sich „ein bisschen schwer tue mit Beziehungen" (S. 68, Z. 28). Er arbeitet in einem Kaufhaus, als Folge des Unfalls hinkt er etwas. Gedanken an den Unfall beschäftigen Johann bis in die unmittelbare Gegenwart. Er erinnert sich, dass er nach dem Zusammenstoß bei Bewusstsein gewesen ist, Ludwigs roten Helm auf der Straße liegen sah und er die entsetzliche Vorstellung hatte, dass Ludwigs Kopf darin stecke – eine Vorstellung, die aber nicht der Wirklichkeit entsprach. Er denkt auch darüber nach, warum Ludwig nicht gebremst hat, gibt als mögliche Erklärung an, dass er abgelenkt worden sei oder sich schlicht verschätzt habe.

Erinnerungen an den Unfallhergang

Kapitel 6

Der Ich-Erzähler berichtet, dass Vera ihn am nächsten Tag besuchen werde. Es sind einige Jahre seit dem Unfall vergangen. Die Beziehung zu Vera ist nach zwei Jahren in die Brüche gegangen. Anlass für die Trennung war, dass Vera den Verdacht geäußert hat, dass Ludwig absichtlich den Zusammenstoß verursacht habe, um beide „für immer zusammenzuschweißen" (S. 71, Z. 12) oder sich zu rächen, da er nicht über die Liebesbeziehung zwischen ihr und Johann informiert worden war. Johann weist diese Vorwürfe entrüstet zurück und kann ihr im Grunde diese Beschuldigung nicht verzeihen. Ein halbes Jahr nach dem Zwischenfall trennen sie sich, als Vera ihr Studium in den USA fortsetzt. Dort lebt sie immer noch, arbeitet in der Computerbranche und hat ein Kind. Sie hat ihren Besuch angekündigt, auf den sich Johann sehr freut.

Vera kündigt ihren Besuch Jahre nach dem Unfall an

3.3 Aufbau

ZUSAMMENFASSUNG

Die Novelle *Zweier ohne* umfasst sechs Kapitel und wird von dem erwachsenen Johann aus der Ich-Perspektive rückblickend und nicht immer chronologisch erzählt. Der Aufbau der Geschichte folgt im Wesentlichen dem klassischen Dramenschema mit einer klaren Handlungsstruktur.

Kapitel 1

Zeitebene:
Rückblick des erwachsenen Johann (ca. 24–29 Jahre) und Wiedergabe

- der Situation des Elfjährigen, der wach liegt und u. a. den schlafenden Ludwig beobachtet
- der Geschehnisse dieses Tages (des ersten Besuchs Johanns bei Ludwig)
- der Geschehnisse, seit Ludwig in die Klasse Johanns gekommen ist (umfassen zwei Wochen)
- der Gedanken des erwachsenen Erzählers/Wertungen und Reflexionen, verbunden mit einem Ausblick (z. B. S. 13, Z. 35 ff.: „Der Sommer war unser Abschied von der Kindheit, und ich bin sehr froh, dass ich Ludwig rechtzeitig kennen gelernt habe, um diesen Abschied, den größten des Lebens, mit ihm gemeinsam erleben zu können.“)

Inhaltliche Schwerpunkte:

- Beginn der Freundschaft mit Ludwig, Charakterisierung Ludwigs
- Kennenlernen des familiären Umfelds (Vater, Vera)

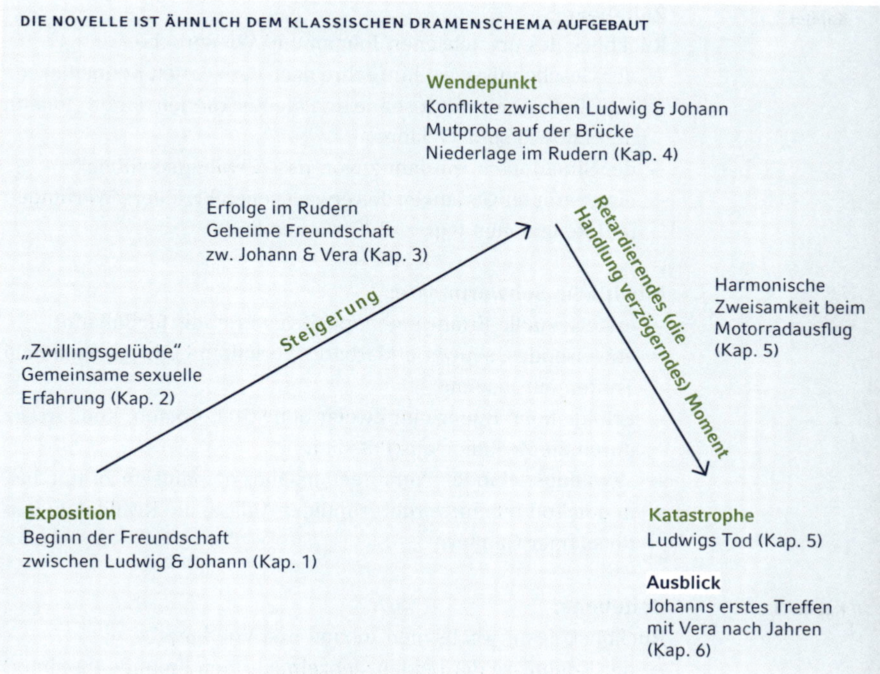

→ Konfrontation mit dem Tod (einbetonierter Arbeiter, Selbstmörderin, Erwähnen der eigenen Ängste, Todesgefahr bei der ersten Mutprobe)
→ Bedeutsamkeit des Schauplatzes (Brücke)

Kapitel 2

Zeitebene:
Rückblick des erwachsenen Johann und Wiedergabe

→ der Geschehnisse ca. fünf Jahre nach dem ersten Kennenlernen (April): Erlebnis mit Josefine und die Reaktionen darauf; Johann und Ludwig sind 17 Jahre alt
→ der Situation ca. ein Jahr zuvor: das „Zwillingsgelübde“
→ eingestreuter Gedanken des erwachsenen Erzählers/Wertungen und Reflexionen (vgl. z. B. S. 26 und S. 28)

Inhaltliche Schwerpunkte:

→ erste sexuelle Erfahrungen; positives Erlebnis für Johann; abweisendes, schwer erklärbares Verhalten Ludwigs nach dem Treffen mit Josefine
→ Erfolge beim Rudern im Zweier ohne Steuermann; Konkurrenz durch die Zwillinge aus Potsdam
→ „Zwillingsgelübde“: Versprechen, alles gemeinsam zu tun, bis in den Tod hinein; vordergründiger Anlass: die Rivalität zu den Potsdamer Gegnern

Kapitel 3

Zeitebene:
Rückblick des erwachsenen Johann und Wiedergabe

→ der Erlebnisse der beiden siebzehnjährigen Freunde (Sommer)
→ der Ereignisse vorher: Prügelei mit den Brüdern Josefines; Abweisung Marcos; Veras Übertritt ans Gymnasium
→ der Gedanken des erwachsenen Erzählers/Wertungen und Reflexionen (vgl. z. B. S. 34, Z. 16–19: „Zu jener Zeit waren wir, denke ich, mit unserem Zwillingsprojekt so weit gekommen, dass man nicht mehr über alles Worte verlieren musste. Die wichtigsten Dinge ahnten und wussten wir voneinander.“)

Inhaltliche Schwerpunkte:

- → erfolgreiches „Zwillingsprojekt" (S. 34, Z. 17): Erfolge im Rudern; Johann nimmt die Schuld auf sich nach unerlaubtem Fahren mit dem Motorrad; gemeinsames Vorgehen gegen die Brüder Josefines; Abweisung Marcos
- → Entführung eines Mädchens, Gefangenschaft im Brückenpfeiler: Mitleid Veras als Auslöser für beginnende Freundschaft und Liebe zwischen Johann und Vera
- → erste Liebesnacht der beiden, ohne dass Ludwig über diese Beziehung informiert wird

Zeitebene: Kapitel 4

Rückblick des erwachsenen Johann und Wiedergabe

- → der Geschehnisse des Sommers bis zum Landentscheid einen Tag vor Ludwigs Führerscheinprüfung
- → des distanzierten Verhaltens Johanns und Veras in der Schule (kurze Rückblende)
- → der Episode mit dem Selbstmörder (längere Rückblende)
- → der Gedanken des erwachsenen Erzählers/Wertungen und Reflexionen (z. B. S. 63, Z. 6–13: „Vielleicht zählen die zehn Tage davor nicht zu unseren glücklichsten Zeiten, wir haben so gut wie nicht geredet, wir bewegten uns langsamer als sonst [...]. Zwar entwickelten wir uns in verschiedene Richtungen, doch selbst das taten wir im Gleichschritt, so dass es am Ende genau passte. Was Ludwig zunahm, nahm ich ab. Dies, glaube ich, kann man nur eine höhere, eine höchste Stufe von Freundschaft nennen.")

Inhaltliche Schwerpunkte:

- → gemeinsame Reparatur des Motorrades, (vorübergehender) Traum vom asiatischen Turm

→ Vertiefung der Liebesbeziehung zwischen Johann und Vera, die aber weiterhin vor Ludwig verheimlicht wird
→ „Geheimnis" um die Leiche des Bauern: Auseinandersetzung mit Tod und Selbstmord, weitere Mutprobe auf der Brücke: Vertiefung der Freundschaft
→ problematische Entwicklungen in der Freundschaft zwischen Ludwig und Johann, ohne dass Johann das wahrhaben will: Gewalt Ludwigs gegen Vera, Schlägerei zwischen Ludwig und Johann, Disziplinlosigkeit Ludwigs im Vorfeld des Landesentscheids
→ knappe Niederlage im Landesentscheid

Kapitel 5

Zeitebene:
Rückblick des erwachsenen Johann und Wiedergabe
→ der Geschehnisse des Tages nach dem Wettkampf
→ einiger Aspekte seines Lebens nach dem Unfall
→ der Gedanken des erwachsenen Erzählers/Wertungen und Reflexionen (z. B. S. 69, Z. 10–14: „In jüngster Zeit muss ich oft schmunzeln, wenn ich vom Klonen lese. Ich habe meine Zweifel, ob die Biowissenschaftler es je so gut hinkriegen werden, einen Menschen einem anderen so sehr anzugleichen, wie Ludwig und ich uns angeglichen haben.")

Inhaltliche Schwerpunkte:
→ gemeinsamer Ausflug auf dem Motorrad nach Ludwigs bestandener Führerscheinprüfung: selbst verschuldeter Unfall; Tod Ludwigs, schwere Verletzung Johanns
→ Einzelheiten aus Johanns Leben nach dem Unfall: tiefe Trauer, Spekulation über Ursache, bleibender Gesundheitsschaden (Hinken), Arbeit in einem Kaufhaus; Probleme, längere Beziehungen aufzubauen

Zeitebenen:

Kapitel 6

Erzählgegenwart: Gedanken des erwachsenen Johann
Rückblick des erwachsenen Johann und Wiedergabe

→ der Überlegungen bezüglich der Trennung von Vera (zwei Jahre nach dem Unfall)
→ der Mutmaßungen Veras hinsichtlich des Unfalls ca. anderthalb Jahre danach
→ einiger weniger Aspekte des weiteren Werdegangs Veras in den Jahren nach der Trennung

Inhaltliche Schwerpunkte:

→ Verdacht Veras, dass Ludwig absichtlich den Unfall verursacht hat
→ entschiedene Zurückweisung des Verdachts durch Johann, Trennung
→ In-Schutz-Nehmen Ludwigs bis zur Gegenwart, Zurechtweisung auch von Johanns Vater

3.4 Personenkonstellation und Charakteristiken

ZUSAMMEN-FASSUNG

Die Hauptfiguren sind:

Johann:
- → der mitunter naive und unzuverlässige Ich-Erzähler
- → zweifelt nicht an der tiefen Freundschaft zu Ludwig

Ludwig:
- → die treibende Kraft in der Freundschaft
- → selbstbewusst, wagemutig, besitzergreifend, dominant, mitunter aggressiv, aber auch verletzlich
- → verabsolutiert die Freundschaft zu Johann

Vera:
- → selbstbewusst
- → konfliktträchtiges Verhältnis zu ihrem Bruder Ludwig
- → verliebt in Johann, was im Grunde zum Bruch des „Zwillingsgelübdes“ führt

Die Nebenfiguren sind:

- → **Eltern Johanns:** lassen sich scheiden, worunter insbesondere die stets besorgte Mutter leidet
- → **Eltern Ludwigs:** die Mutter wird kaum erwähnt, der Vater ist oft wortkarg, es herrscht offensichtlich kein harmonisches Familienleben
- → **Josefine:** unterschiedliche erste sexuelle Erfahrungen der beiden Jungen mit ihr

- → **Josefines Brüder:** werden von den beiden Jungen verprügelt
- → **Flavia:** Veras beste Freundin (auch homoerotische Freundschaft)
- → **Marco:** Schulkamerad aus Johanns Grundschulzeiten, wird von Ludwig nicht akzeptiert
- → **Zwillinge aus Potsdam:** stärkste Konkurrenten im Zweier ohne Steuermann

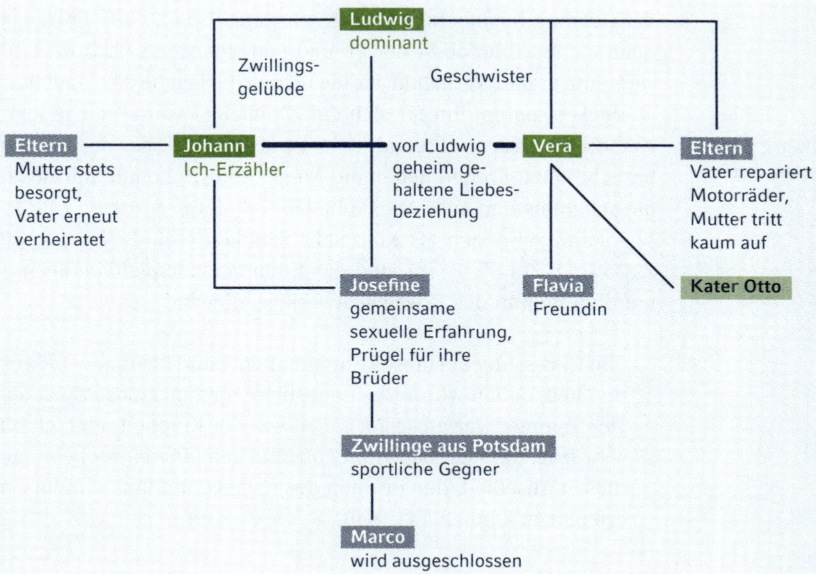

Johann

Da Johann der Ich-Erzähler ist, werden dem Leser alle Ereignisse aus seiner subjektiven Sicht und dazu noch viele Jahre nach dem Geschehen geschildert.

Als Elfjähriger übernachtet er zum ersten Mal bei Ludwig. Er ist auf der Suche nach einem Freund (vgl. 1. Kap., S. 7, Z. 38, S. 8, Z. 21) und ist von Ludwigs Auftreten in der Schule beeindruckt. In der Nacht – er liegt wach – zeigt er sich eher ängstlich und unsicher; er nimmt alle Geräusche genau wahr, die Brücke empfindet er als furchteinflößend, die Atmosphäre in Ludwigs Haus als seltsam bzw. unheimlich (vgl. 1. Kap., S. 13, Z. 10 ff.). Er hat Angst, als Ludwig ihn auf die Brücke führt, ist aber auch fasziniert von dem Gefühl der Gefahr („Ich jubelte innerlich", 1. Kap., S. 14, Z. 18). Er ist sich noch nicht sicher, ob er der Freund Ludwigs sein will. Doch Ludwigs souveränes Verhalten, als die beiden die Leiche des Mädchens entdecken, nimmt ihn für sich ein: „Vielleicht wurde mir in jener Nacht klar, dass ein Freund mehr ist als jemand, der anruft. Man braucht einen Freund gegen die Angst. Ludwig konnte mir gegen die schlimmste meiner Ängste helfen." (1. Kap., S. 19, Z. 13 ff.)

Ängstlich und unsicher

Ludwig ist sein „Freund gegen die Angst"

Johann zeigt sich als Kind sehr verspielt (vgl. 1. Kap., S. 10, Z. 25 ff., S. 13, Z. 19 ff.), und das Ende der Verspieltheit setzt er mit dem Beginn des Erwachsenwerdens gleich:

> „Im Herbst, der auf diesen Sommer folgte und der uns zwölf werden ließ, gaben wir dieses ungestüme, gedankenlose Spiel auf. Der Sommer war unser Abschied von der Kindheit, und ich bin sehr froh, dass ich Ludwig rechtzeitig kennen gelernt habe, um diesen Abschied, den größten des Lebens, mit ihm gemeinsam erleben zu können." (1. Kap., S. 13, Z. 33 ff.).

Er mag den Fluss, und er ist es, der dem Ruderverein zuerst beitritt (vgl. 1. Kap., S. 8, Z. 25 f.). Mit Ludwig bildet er schließlich das Team des Zweiers ohne Steuermann, das sehr erfolgreich Rennen bestreitet und dem letztendlich erst durch die Potsdamer Zwillinge eine ernsthafte Konkurrenz erwächst.

Die folgenden Jahre verbringen die beiden Freunde in enger Symbiose, selbst ihr erstes sexuelles Erlebnis wollen sie miteinander teilen, als sie 17 Jahre alt sind. Der Ich-Erzähler ist offensichtlich mit sich im Reinen: „Ich sah nicht schlecht aus damals, war zwar nicht größer als die anderen, aber kräftiger, trainierter. Ich galt als nett, umgänglich, fair. Es wäre nicht so schwer gewesen, ein Mädchen zu finden." (2. Kap., S. 21, Z. 17 ff.) Es ist bezeichnend, dass Ludwig die Initiative ergreift und Josefine einlädt. Johann fügt sich, obwohl er durchaus andere Vorstellungen hat (vgl. 2. Kap., S. 21 f.). Das Erlebnis mit Josefine ist für Johann – im Gegensatz zu Ludwig – bereichernd und erfüllend. Seine anfängliche Verlegenheit überwindend, erweist er sich als sensibel, neugierig und ausgelassen (vgl. 2. Kap., S. 23 f.). Es wird deutlich, dass er eine gewisse Sehnsucht nach Nähe, Liebe und Geborgenheit hat, dass er in der Zweisamkeit seine Angst verliert („Sie war mir in diesen Stunden eine weiche, warme, feuchte Höhle, und ich hatte keine Angst", 2. Kap., S. 25, Z. 1 ff.). Er stellt – wie im Nachfolgenden auch in der Beziehung zu Vera – seine Liebesfähigkeit unter Beweis, die nach der Katastrophe und ihren Folgen von Bindungsschwierigkeiten überlagert zu werden scheint (vgl. 5. Kap., S. 68, Z. 27 ff.).

Gemeinsame sexuelle Erfahrung mit Josefine

Die nie offen ausgesprochene oder von Johann als belastend empfundene Dominanz kommt u. a. darin zum Ausdruck, dass Ludwig seinem Freund den weiteren Umgang mit Josefine gleichsam verbietet (vielleicht auch, um nicht an sein eigenes – wie immer geartetes – Versagen erinnert zu werden); grob und verletzend formuliert er nach einer Trainingsfahrt: „[...] besser, du vergisst die

Russenschlampe, sie ist nichts für dich" (2. Kap., S. 28, Z. 8 f.). Der Ich-Erzähler beugt sich den Ansichten und Forderungen Ludwigs, allerdings bleibt in ihm eine „allgemeine Sehnsucht" zurück, „ein Verlangen, so etwas noch einmal zu erleben, nicht mit der Russin, nein, es gab so viele Mädchen" (2. Kap., S. 28, Z. 20 ff.).

Die Gleichheit zwischen den Freunden ist nur oberflächlich gegeben

Die Gleichheit, die das „Zwillingsgelübde" eigentlich beinhalten sollte, ist nur vordergründig gegeben; meist ist es so, dass Johann sich Ludwig – fast willen- und bedingungslos – anschließt und das im Nachhinein als völlig normal bezeichnet. So lässt sich Johann beispielsweise auch von der Aggressivität Ludwigs anstecken und beteiligt sich an der Schlägerei mit Josefines Brüdern: „Sie schrien und taten ziemlich dicke, und wir hörten uns das eine Weile an, bis Ludwig dem älteren ins Gesicht schlug. Sofort und ohne nachzudenken, machte ich das Gleiche mit dem jüngeren." (3. Kap., S. 30, Z. 2 ff.) Er akzeptiert es auch, dass die zeitweilige Freundschaft zu Marco wieder aufgegeben wird (vgl. 3. Kap., S. 31).

Ludwig vereinnahmt Johann

Ludwig vereinnahmt Johann immer mehr (vgl. Kapitel „Die Freundschaft zwischen Johann und Ludwig" auf Seite 56 ff. dieser Erläuterung), bestimmt sein Tun (vgl. z. B. das „Geheimnis" um den Selbstmörder, die Mutproben, Ludwigs Fressattacken, auf die Johann zu reagieren gezwungen ist), allerdings gelingt ihm das nur bedingt, da Johanns Liebe zu Vera diese ausschließliche Fixierung der beiden Jungen aufeinander nicht mehr zulässt (vgl. Kapitel „Die Beziehung zwischen Vera und Johann" auf Seite 67 ff. dieser Erläuterung). Ludwig spürt sicherlich diese Gefährdung, Johann will sie wohl nicht wahrhaben. Dadurch, dass er nicht aufrichtig ist und sein Verhältnis zu Vera verschweigt, bricht er im Grunde das „Zwillingsgelübde", was Ludwig als Verrat empfinden könnte. Johann ist sich immerhin bewusst, dass er mit seinem Freund darüber reden müsste, schiebt dieses Gespräch aber immer wieder auf (vgl. 4. Kap., S. 65, Z. 34 f.; 5. Kap., S. 67, Z. 40 f.). Lange hätte sich das Verhältnis sowieso nicht mehr verbergen lassen. Denn Johann, der Ludwigs Vorschlag, „ein zweites Bett in sein Zimmer zu stellen" (4. Kap., S. 44, Z. 23), als gut und konsequent bezeichnet hat, vereinbart mit seiner Mutter am Tag der Führerscheinprüfung und des Unfalls, dass Vera öfter bei ihm übernachten werde (vgl. 5. Kap., S. 66, Z. 17).

Johann verheimlicht sein Verhältnis zu Vera

Der Tod Ludwigs wirft Johann aus der Bahn: Er wird schwer verletzt und hinkt, was er aber nach vielen Jahren gut verbergen kann (vgl. 5. Kap., S. 68, Z. 38 f.). Er hat offensichtlich erst spät seinen Führerschein gemacht und es beruflich nicht so weit gebracht, wie man es von einem Abiturienten erwarten könnte (wobei durchaus möglich ist, dass er das Abitur gar nicht abgelegt hat): Er arbeitet wie sein Vater als Verkäufer, und zwar in einer Lebensmittelabteilung (vgl. 5. Kap., S. 68, Z. 34). Die Beziehung zu Vera konnte er noch ca. zwei Jahre aufrechterhalten, aber nachdem sie den schwerwiegenden Verdacht hinsichtlich des Unglücks geäußert hat, kommt es zum Bruch; er vermutet selbst, dass er ihr „diese Verdächtigungen gegen Ludwig nie richtig verzeihen konnte" (6. Kap., S. 71, Z. 27 f.).

Ludwigs Tod wirft Johann aus der Bahn

Er geht zwar flüchtige Beziehungen ein, bleibt aber ungebunden und unverheiratet. Seine Trauer um Ludwig „hat nicht nachgelassen, wird nie nachlassen" (5. Kap., S. 68, Z. 22 f.). Wenn man so will, hat Ludwig seinen Freund über den Tod hinaus an sich gebunden, ist er fast so präsent wie zu seinen Lebzeiten. So kann ein zentrales Motiv des Ich-Erzählers für seinen Bericht sein, dass er Ludwig und seiner Freundschaft zu ihm gleichsam ein Denkmal setzen will; er ist von der Einzigartigkeit ihrer Beziehung überzeugt:

Trauer um Ludwig bis in die Gegenwart

> „In jüngster Zeit muss ich oft schmunzeln, wenn ich vom Klonen lese. Ich habe meine Zweifel, ob die Biowissenschaftler es je so gut hinkriegen werden, einen Menschen einem anderen so

sehr anzugleichen, wie Ludwig und ich uns angeglichen haben." (5. Kap., S. 69, Z. 10 ff.)

Johann beschützt Ludwig gegen jede Anschuldigung

Er verklärt die Zeit mit seinem „Zwillingsbruder", bemerkt selbst nicht die Irritationen, die sich für den Leser aus seiner Beschreibung der Ereignisse ergeben, die ja durchaus die Gefährdungen und Widersprüche der Freundschaft nicht aussparen, deren möglich Bedeutung und Tragweite dem Erzähler aber offenbar nicht bewusst sind. Er will vielmehr Ludwig in Schutz nehmen, will gar nicht in Betracht ziehen, dass sein Freund nicht nur sich selbst, sondern auch ihn hatte töten wollen. Selbst nach vielen Jahren reagiert er dünnhäutig und unwirsch, wenn Ludwig kritisch gesehen wird:

„Ich kann es bis heute nicht leiden, wenn jemand unfaire Dinge über Ludwig sagt. Meinen Vater zum Beispiel habe ich erst kürzlich streng zurückgewiesen, weil er, ich weiß nicht warum, auf einmal anmerken musste, Ludwig sei ja doch ein ziemlich verschlossener Bursche gewesen. Na ja, bei deinen ewigen Schnellkochtopfgeschichten konnte er ja gar nicht zu Wort kommen, habe ich unter anderem gesagt. Mein Vater war dann still." (6. Kap., S. 71, Z. 18 ff.)

So kann die ganze Geschichte gelesen werden als eine Art Rechtfertigung von Ludwigs Verhalten, was dem Ich-Erzähler aber nur unzureichend gelingt. Zwar erkennt der Leser das Faszinierende der beiden Jungen und ihrer Freundschaft, doch bemerkt er auch das Zerstörerische, das dem Unbedingten eigen ist.

Ludwig

Selbstsicher, unbeschwert, schlagfertig

Der Ich-Erzähler sieht Ludwig erstmals, als dieser neu in seine Klasse kommt. Das selbstbewusste Auftreten des Elfjährigen beeindruckt die Mitschüler sehr. Ludwig lässt sich vom Rektor, der ihn einführt und vorstellt, nicht einschüchtern, sondern zeigt sich selbstsicher, unbeschwert und schlagfertig. Er wird vom Ich-Erzähler folgendermaßen beschrieben:

> „Ludwig war so groß wie ich, das heißt mittelgroß. Er hatte einen enormen Kopf, das fiel auf, aber man wusste nicht, ob der Kopf groß war oder nur groß schien, weil die Haare darauf so dicht waren. Blondes Haar, fast weiß, eine Spur zu weiß, fand ich, fast so weiß wie bei dem Kaninchen meiner Cousine. Ludwigs Haar hing über die Ohren und war wirklich sehr dicht [...] Ein rundes Gesicht, eine etwas platte Nase, dünne Lippen, kaum Augenbrauen, aber vielleicht waren sie auch zu hell, um auf seiner hellen Haut sichtbar zu sein." (1. Kap., S. 7, Z. 11 ff.)

Sein Äußeres ähnelt ein wenig einem Albino, doch Johann versichert Ludwig, dass er kein Albino sei (vgl. 1. Kap., S. 11, Z. 35 ff.). Ludwig ist ausgelassen, „wild", laut und geht keiner Schlägerei aus dem Weg, gilt aber auch als Wortführer, dem die anderen zuhören (vgl. 1. Kap., S. 10, Z. 15ff.). Er sucht die Freundschaft Johanns, erweist sich dabei als zielstrebig und hartnäckig. Zwei Wochen nach seinem ersten Auftreten in der Klasse ruft er Johann mehrmals an und bringt ihn dazu, am nächsten Tag bei ihm zu übernachten (vgl. 1. Kap., S. 11 f.).

Ergreift die Initiative, um Johanns Freund zu werden

Mit der Beschreibung dieser Situation beginnt der Erzähler seinen Bericht. In dieser Nacht, „als das Mädchen vom Himmel fiel" (1. Kap., S. 5, Z. 1), werden die zwei zu Freunden, was vor allem an Ludwigs Verhalten nach dem Entdecken der Leiche liegt. Er handelt sicher, souverän, zeigt keine Scheu vor der Toten und dem Tod, wirkt sehr „erwachsen": „Ich merkte, wie aufgeregt er war, aber nicht ängstlich aufgeregt wie ich, sondern fast euphorisch." (1. Kap.,

S. 18, Z. 27 f.) Man kann in diesem Ereignis eine Vorausdeutung sehen. Als die beiden Freunde ca. sechs Jahre später erneut einen Selbstmörder finden, den Bauern, setzen sie – unter Führung von Ludwig, der auch hier die treibende Kraft ist – im Grunde ihr Tun in gesteigertem Maße fort, stellen z. B. Überlegungen hinsichtlich der Hintergründe des Selbstmordes an. Während Ludwig als Kind die Benachrichtigung der Erwachsenen nur verzögert hat, verheimlicht er später zusammen mit Johann den Fund und zelebriert regelrecht das „Geheimnis" um den Leichnam. Seine Nähe zum Tod und seine Furchtlosigkeit vor Toten werden deutlich und sind ein Indiz dafür, dass er tatsächlich seinen und Johanns Tod durch einen absichtlich herbeigeführten Unfall gesucht haben könnte.

Kennt keine Scheu vor Toten und dem Tod

Ludwig lenkt Johann

Seine Unerschrockenheit wird zu Wagemut und Tollkühnheit, wenn er seine lebensgefährlichen Mutproben auf der Brücke vollführt und Johann mehr oder weniger nötigt, es ihm gleichzutun. Ludwig ist die dominante Figur in der Freundschaft, er hat um Johann geworben (der anfangs durchaus Vorbehalte hat) und er lenkt das Verhalten Johanns, ohne dass dieser aufbegehren oder die Dominanz Ludwigs als negativ bzw. unangemessen empfinden würde. Ludwigs Verwegenheit könnte man in bestimmten Situationen als Rücksichtslosigkeit und Egozentrik bezeichnen. Er ist es auch, der das Treffen mit Josefine arrangiert, das für ihn – im Unterschied zu seinem Freund – so enttäuschend endet. Dieses Erlebnis lässt ihn noch stärker auf Johann einwirken, dem er im Grunde einen weiteren Kontakt zu dem deutschrussischen Mädchen untersagt.

Er wird immer besitzergreifender, bestimmt das Denken und Handeln Johanns zunehmend. Dabei neigt er auch zur Aggressivität. Dies zeigt sich, als die beiden Josefines Brüder verprügeln, wobei die Initiative eindeutig von Ludwig ausgeht (vgl. 3. Kap., S. 30, Z. 3 f.); einen traurigen Höhepunkt erreicht seine Neigung zur Gewalt, als er seiner Schwester brutal zusetzt und sich sogar eine Schlägerei mit Johann liefert (vgl. 4. Kap., S. 47 f.; vgl. auch 3. Kap., S. 37: hier vermutet Johann, dass Ludwig, hätte er die Sozialstunden ableisten müssen, aufgrund seines Jähzorns in schwere Konflikte mit den anderen verurteilten Jungs geraten wäre). Selbst in dieser Situation nimmt ihn Johann in Schutz und sucht nach Erklärungen bzw. Entschuldigungen, was beweist, welchen starken Einfluss Ludwig auf ihn ausübt.

Johann nimmt Ludwig immer in Schutz

Ihre Freundschaft wird immer exklusiver, die beiden genügen (scheinbar) sich selbst, sodass ein neuer Schulkamerad namens Marco, den Johann noch aus der Grundschulzeit in Berlin kennt, nach wenigen Wochen ausgeschlossen wird, obwohl Johann nichts gegen eine nähere Freundschaft gehabt hätte. Auf Veranlassung Ludwigs wird der Kontakt aber abgebrochen, Johann zeigt sich verständnisvoll, merkt offenbar nicht, dass seine Wünsche und Vorstellungen keine Rolle spielen: Marco „war ein fröhlicher Bursche. Nach zwei, drei Wochen fragte mich Ludwig, ob ich nicht auch finde, dass [er] zu einfältig sei, um zu uns zu passen. Ich konnte ihm nur Recht geben. Das war ja das Geniale zwischen uns beiden, dass wir die Dinge gleich und gleichzeitig empfanden“ (3. Kap., S. 31, Z. 21 ff.). Nicht Marco erscheint hier dem Leser als einfältig, sondern der Erzähler, der in großer Naivität nicht erkennt oder nicht erkennen will, dass ihm sein Freund viele Freiheiten nimmt.

In ihrer Freundschaft ist kein Platz für Dritte

Ludwig, der zusammen mit Johann zahlreiche Erfolge im Rudern verbuchen kann, ist ein außergewöhnlicher Junge, der sich nach einer engen Freundschaft sehnt, vielleicht auch deshalb, weil seine Familie ihm zu wenig Geborgenheit schenkt. Die Mutter wird kaum erwähnt, der Vater zeigt sich meist verschlossen und reagiert mit einer gewissen Härte, als er von der Motorradfahrt ohne Führerschein erfährt (vgl. 3. Kap., S. 37 f.). Ludwigs Verhältnis zu seiner Schwester – vielleicht nicht unüblich für die Zeit der Pubertät – erscheint angespannt.

Ludwig ist neugierig, abenteuerlustig

Der sportliche Junge ist neugierig und auch fantasiebegabt (vgl. z. B. das Turmprojekt), abenteuerlustig (vgl. Suche nach dem entführten Mädchen, 3. Kap., S. 32) und handwerklich begabt (vgl. die Reparatur des Motorrades). Wie Johann geht er nicht ungern zur Schule, den Unterricht verfolgt er eher gelangweilt und belustigt (vgl. 3. Kap., S. 30 f.). Seine Freundschaft zu Johann wird immer intensiver, wobei er diesem viel abverlangt (vgl. Mutproben, Undiszipliniertheit vor dem Landesentscheid), vielleicht um ihn enger an sich zu binden. Ob seine Enttäuschung über das mögliche Zerbrechen des „Zwillingsprojekts" ihn dazu bewegt, den Unfall absichtlich herbeizuführen, bleibt offen, erscheint aber plausibel.

Vera

Ludwigs jüngere Schwester

Vera ist ca. ein Jahr jünger als Ludwig und der Ich-Erzähler, der als Elfjähriger das Mädchen während seines ersten Besuches bei Ludwig kennenlernt (vgl. 1. Kap., S. 12 f.). Johann nimmt zunächst weniger Vera als vielmehr deren hässliche Katze Otto wahr, die als dreckig, struppig, grau und ölig beschrieben wird. Ludwigs Schwester ist an diesem Tag schweigsam, erregt aber dadurch Aufsehen, dass sie beim Essen die meisten Pfannkuchen vertilgt und somit die „Pfannkuchenschlacht" (1. Kap., S. 17, Z. 22) gewinnt. Der Ich-Erzähler erinnert sich:

Groß, dünn und blond

> „Sie war sehr dünn, groß und dünn. Sie war blond, aber nicht so weiß wie Ludwig. Wenn man genau hinsah, konnte man blonden Flaum in ihrem Gesicht erkennen. Es war schmal, die Augen waren rund und grau. Ihre Ohren standen ein bisschen ab, man sah das wegen der kurzen Haare. […] Sie hatte einen Leberfleck am Ansatz der rechten Brust, aber ich weiß nicht mehr, ob ich das damals schon gesehen habe. Sie trug gern geblümte Kleider, ließ

oben viele Knöpfe offen, als wolle sie ihr Dekolleté zeigen, aber sie hatte keines, damals nicht und später auch nicht so richtig." (1. Kap., S. 17, Z. 7 ff.)

Den Leberfleck erwähnt Johann erneut, als er von der Episode mit Josefine berichtet und Vera unverhofft ins Haus kommt: „Sie trug wieder ein geblümtes Kleid, und es kann sein, dass ich in jenem Moment den Leberfleck über ihrer rechten Brust gesehen habe. Ich fand nicht, dass sie sich in den Jahren, die seit unserer ersten Begegnung vergangen waren, stark verändert hatte." (2. Kap., S. 22, Z. 38 ff.) Sie ist oft bei ihrem Vater in der Werkstatt, Johann empfindet sie als wortkarg und oft als „bockig" (2. Kap., S. 23, Z. 5); ihr Verhältnis zu ihrem Bruder ist angespannt (vgl. 2. Kap., S. 23, Z. 10). Dem Ich-Erzähler fallen ihre „komischen Fußstellungen" auf: „Entweder ihre Füße bildeten ein großes T oder sie stand auf den Zehenspitzen." (vgl. 2. Kap., S. 23, Z. 7 ff.) An diesem Abend kommen Johann und Vera ins Gespräch, eine erste Annäherung lässt sich feststellen (vgl. 2. Kap., S. 23).

Angespanntes Verhältnis zu ihrem Bruder

Vera wechselt auf das Gymnasium der beiden Jungen und der Ich-Erzähler gesteht: „Ich muss sagen, dass sie mir ganz gut gefiel. Sie trug die Haare kürzer, und die Blümchenkleider saßen sehr gut auf ihren eckigen Schultern. Sie stand nicht mehr auf den Zehenspitzen, das wäre albern gewesen, sie war fünfzehn. Bei der T-Stellung blieb sie." (3. Kap., S. 31, Z. 33 ff.) Die Beziehung zwischen beiden beginnt, als ein kleines Mädchen entführt wird, Vera großes Mitgefühl zeigt und Johann sie tröstet. Diese Beziehung wird immer intensiver, kennt aber auch Phasen der Distanzierung. Gleichzeitig wird das Verhältnis der Geschwister angespannter und konfliktträchtiger, bis es sogar zu einem Gewaltausbruch Ludwigs gegen Vera kommt (vgl. 4. Kap., S. 47 f.).

Selbstbewusst, fühlt sich auch von Frauen angezogen

Das Mädchen gibt sich selbstbewusst, kann aber auch „schnippisch“ sein (vgl. 4. Kap., S. 46, Z. 8; S. 47, Z. 33). Sie hat keine Scheu, von ihrer Hingezogenheit zu ihrer Freundin Flavia zu sprechen („Vera hat mich oft ganz schön überrascht. Zum Beispiel sagte sie mir in einer unserer Nächte, als sie ein bisschen von ihrer Freundin Flavia erzählt hatte: mit Flavia ist es auch sehr schön“, 4. Kap., S. 47, Z. 14 ff.). Vera ist sich wohl bewusst, dass ihre Liebe zu Johann für Ludwig sehr problematisch ist, insbesondere weil ihm die Beziehung verschwiegen wird. Deshalb äußert sie auch die Vermutung, dass Ludwig den Unfall absichtlich verursacht hat. Während Vera nach der Trennung von Johann (zwei Jahre nach dem Unglück) offensichtlich beruflich (Arbeit in der Computerbranche in den USA) und privat ihren Weg geht (sie ist Mutter eines Kindes), zeichnet Johann eine gewisse Bindungsscheu oder -unfähigkeit aus (vgl. 6. Kap.).

Der Tod Ludwigs hat sie, im Gegensatz zu Johann, nicht aus der Bahn geworfen

Einige Nebenfiguren

Ludwigs Vater

Wortkarg, ruhig, verschlossen

Er wird als ein oft wortkarger Mensch beschrieben, der meist in seiner Werkstatt Motorräder repariert und gut Pfannkuchen backen kann. Ein familiäres Leben – allerdings ohne die Mutter – wird nur genauer beschrieben, wenn es geradezu zu „Pfannkuchenschlachten“ kommt. Der ruhige, arbeitsame Vater zeigt eine gewisse Verlegenheit gegenüber Johann (vgl. 3. Kap., S. 39, Z. 10 f.); er ist hilfsbereit, wirkt aber oft verschlossen (vgl. 4. Kap., S. 41, Z. 25 ff.). Nur wenn es um die Arbeit geht und Johann etwas wissen möchte, wird er gesprächiger (vgl. Kap. 4, S. 43, Z. 31 ff.) Das Verhältnis zu seinem Sohn erscheint wenig herzlich, sondern angespannt, insbesondere nach der verbotenen Fahrt auf dem Motorrad, für die Ludwig auch bestraft wird („Zudem lag noch immer Zorn über dem

Tisch“, 3. Kap., S. 37, Z. 36 f.). Auffällig ist, dass Ludwigs Vater die beiden nie zu den Rennen begleitet („Ich habe seinen Vater nicht bei einer Regatta gesehen“, 3. Kap., S. 35, Z. 24 f.), wobei die Gründe dafür nicht erwähnt werden. Nur Vera macht auf Nachfrage Johanns Andeutungen; überraschend ist, dass sie nicht weiß, was ihr Vater früher gearbeitet hat:

Ist nie bei einem Rennen dabei

> „Warum ist euer Vater nie bei einem Rennen von uns, fragte ich [...] Vielleicht hat er Angst, sagte Vera [...] Angst wovor, fragte ich. Dass ihr verliert, sagte Vera. Aber warum muss er davor Angst haben, fragte ich. Vielleicht hat er selbst zu oft verloren, sagte sie. Hat er, fragte ich. Weiß nicht, sagte sie, er hat nicht immer Motorräder zusammengeschraubt, aber ich weiß nicht, was er gemacht hat, darüber wird nie gesprochen.“ (4. Kap., S. 60, Z. 21 ff.)

Es wird deutlich, dass der Vater schwere Zeiten hinter sich hat, dass er Niederlagen in seinem Leben erlitten und sich deshalb zurückgezogen hat. Von einem harmonischen Familienleben kann nicht die Rede sein, über Probleme wird nicht gesprochen – sicherlich auch ein Grund, warum Ludwig so eine enge Freundschaft zu Johann sucht. Dabei ist der Vater keineswegs gefühlskalt oder seinen Kindern gar feindlich gesinnt; das erkennt man z. B. daran, dass er sich über Ludwigs bestandene Führerscheinprüfung freut. „Ludwigs Vater lächelte“ (5. Kap., S. 66, Z. 28 f.), tragischerweise wird das Gefühl der Freude an diesem Tag durch das Entsetzen über die Katastrophe abgelöst.

Ludwigs Mutter

Ludwigs Mutter wird in der Novelle fast nicht erwähnt, ihr herausragendes Merkmal ist gleichsam ihre Abwesenheit. Bekannt ist

Ist meist abwesend

lediglich, dass sie öfter Spätschicht hat (vgl. 1. Kap., S. 10, Z. 4; 3. Kap., S. 37, Z. 35). Es wird zwar mitgeteilt, dass sie nach den Kindern schaut, wenn sie von der Arbeit heimkommt (vgl. 1. Kap., S. 10, Z. 3 ff.), doch ansonsten wird keine Anteilnahme an dem Leben Ludwigs deutlich. Ein harmonisches Familienleben gibt es nicht, somit fehlen den Kindern offensichtlich Fürsorge, Rückhalt und Geborgenheit. Jeder scheint für sich zu leben, intensive Kommunikation findet nicht statt – sicherlich ein Grund dafür, dass Ludwig sich so eng an Johann bindet.

Johanns Vater

Ist bei den Rennen dabei, hat Kontakt zu Johann

Als Johann 13 Jahre alt ist, trennen sich seine Eltern (vgl. 2. Kap., S. 23, Z. 29). Sein Vater hat weiterhin Kontakt zu ihm, er fährt die Jungen zu den Rennen, die er sich nicht entgehen lässt (vgl. 3. Kap., S. 35). Er ist auch sehr stolz auf die Erfolge seines Sohnes (vgl. 3. Kap., S. 36, Z. 1 f.). Er arbeitet als Verkaufsleiter in der Haushaltswarenabteilung eines Kaufhauses und hat nach der Scheidung eine Kollegin aus der Gardinenabteilung geheiratet (vgl. 3. Kap., S. 35); Johann tut sein Vater manchmal leid, und er spottet über ihn: „Auf den manchmal langen Fahrten [zu den Rennen] redeten sie sehr viel und bis ins kleinste über dieses Kaufhaus, so dass wir nach der Rückfahrt alles über Bestecke und Tupperware wussten sowie über die Menschen, die Bestecke und Tupperware verkauften und kauften. Mein armer Vater." (3. Kap., S. 35, Z. 30 ff.). Als der Vater sich Jahre später erlaubt, etwas Kritisches zu Ludwig zu äußern, wird er vom Ich-Erzähler scharf gemaßregelt (vgl. 6. Kap., S. 71, Z. 19 ff.).

Insgesamt scheint der Vater ein kleinbürgerliches, durchschnittliches Leben zu führen und auf seinen Sohn kaum Einfluss zu haben.

Johanns Mutter

Fürsorglich, gutes Verhältnis zu ihrem Sohn

Johanns Mutter wird als fürsorglich beschrieben; sie kümmert sich liebevoll um ihren Sohn, ist vorsichtig und erlaubt Johann erst nach längerem Zögern die erste Übernachtung bei Ludwig (vgl. 1. Kap., S. 12, Z. 7 ff.). Sie leidet unter der Trennung von ihrem Mann (vgl. 4. Kap., S. 44, Z. 14 ff.), zumal sie in derselben Kaufhalle wie er und seine zweite Frau arbeiten muss (in der Abteilung Damenoberbekleidung, vgl. 4. Kap., S. 50, Z. 9).

Oft ärgert Johann sich über das Verhalten seiner Mutter („Meinen Vater und seine Freundin sah sie häufig in der Kantine, manchmal tranken sie miteinander Kaffee. Mich ärgerte das. Mich ärgerte das meiste, was meine Mutter zu mir sagte", 4. Kap., S. 50, Z. 9 ff.). Trotzdem erscheint das Verhältnis insgesamt als vertraut und respektvoll. Johann hat Mitleid mit seiner Mutter, isst manchmal mit ihr zu Mittag, weil sie sich so einsam fühlt (vgl. 4. Kap., S. 44, Z. 9 f.). Er bemerkt ihr dünnes Haar (vgl. 4. Kap., S. 51, Z. 5) und ihr Alter (vgl. 4. Kap., S. 50). Die Mutter macht insgesamt einen verhärmten, eher freudlosen Eindruck, leidet auch unter Johanns Rückzug, unter der Tatsache, dass ihr Sohn die meiste Zeit bei Ludwig verbringt und kaum mehr zu Hause ist (vgl. 4. Kap., S. 49, Z. 38 ff.). Sie lässt es sich nicht nehmen, beim Landesentscheid zuzuschauen, und muss gemeinsamen mit ihrem Ex-Mann und dessen neuer Frau die Niederlage miterleben (vgl. 4. Kap., S. 64, Z. 6 ff.). Ihr Leben scheint ganz auf Johann ausgerichtet zu sein, sie freut sich auch darüber, dass Vera ihren Sohn besuchen möchte, doch fürchtet sie wohl eine zu enge Bindung, weil damit evtl. eine weitere Entfremdung verbunden sein könnte (Vera „wird über Nacht bleiben, sagte ich. Meine Mutter […] sah mich traurig an, und ich wusste plötzlich, wie sie meinen Vater angesehen hatte, als er sagte, dass er ausziehen würde", 5. Kap., S. 66, Z. 17 ff.). Sie hat sich sicherlich ein glücklicheres Leben gewünscht, die Angst vor der Einsamkeit und dem Alleinsein wird immer wieder greifbar.

Die Freundschaft zwischen Johann und Ludwig

Der Beginn der Freundschaft

Ludwig ergreift die Initiative

Die beiden Jungen begegnen sich das erste Mal, als sie elf Jahre alt sind. Ludwig kommt neu in die Klasse und sorgt gleich für Aufsehen, weil er sich sehr selbstbewusst gibt. Johann sehnt sich nach Freunden und ist deshalb froh, als Ludwig ihn öfter anruft. Als Johann bei Ludwig übernachten darf, ist er zunächst skeptisch. Denn Ludwig sieht etwas seltsam aus (vgl. 1. Kap., S. 15, Z. 19 ff.), außerdem wollte er den Ich-Erzähler mehr oder weniger zu einer gefährlichen Mutprobe auf der hohen Autobahnbrücke nötigen (vgl. 1. Kap., S. 14 f.). Erst als das Mädchen in der Nacht von der Brücke springt und damit Selbstmord begeht, überwindet Johann seine Zweifel, da ihn das abgeklärte, furchtlose Verhalten Ludwigs beeindruckt: „Ludwig konnte mir gegen die schlimmste meiner Ängste helfen." (1. Kap., S. 19, Z. 15 f.)

Die Entwicklung der Freundschaft

Ludwig und Johann wollen wie Zwillinge sein

Sie werden Freunde und fahren sehr erfolgreich Ruderregatten im Zweier ohne Steuermann. Als ihnen mit den Potsdamer Zwillingsbrüdern ernsthafte Konkurrenten erwachsen, schließen sie sich noch enger zusammen. Sie unternehmen fast alles gemeinsam – fernsehen, am Computer spielen, flippern, lesen, essen, unerlaubterweise nichtjugendfreie Kinofilme ansehen – und auf der Brücke versichern sie sich im Alter von 16 Jahren, dass sie „immer das Gleiche tun" und denken wollen (2. Kap., S. 26, Z. 12); selbst wenn einer von der Brücke springen würde, sollte der andere ihm folgen. Dieses „Zwillingsgelübde" macht Johann „sehr glücklich" (2. Kap.,

S. 26, Z. 17) und ist ein Zeichen der Unverbrüchlichkeit und Einzigartigkeit ihrer Freundschaft.

Sie haben ihr erstes Liebeserlebnis mit demselben Mädchen

Deshalb liegt es für Ludwig auch nahe, dass beide – sie sind mittlerweile 17 Jahre alt – ihr erstes Liebeserlebnis mit demselben Mädchen haben sollen. Johann hat zwar andere Vorstellungen (vgl. 2. Kap., S. 22, Z. 3 ff.), aber als Ludwig ein Treffen mit der Russlanddeutschen Josefine arrangiert, fügt sich der Ich-Erzähler: „Ich folgte seinem Wunsch immer, und es hat sich immer gelohnt." (2. Kap., S. 19, Z. 22 f.) Ludwig schläft als Erster mit dem sechzehnjährigen Mädchen, doch kann er das offensichtlich nicht genießen, denn er verlässt danach wortlos und ernst das Haus. Johann dagegen empfindet viel Freude und auch Geborgenheit, als sich Josefine und er lieben.

Gefährdungen

Sprachlosigkeit und Kommunikationsprobleme

Mit dieser völlig unterschiedlichen ersten sexuellen Erfahrung wird deutlich, dass die Freundschaft gefährdet ist und brüchiger erscheint, als beide es zugeben können oder wollen. Ein nicht zu unterschätzendes Problem stellt dabei ihre Sprachlosigkeit dar. Zwar beteuert der Ich-Erzähler immer wieder, dass die Freunde sich wortlos verstünden, dass sie sich selbst „das Peinlichste" erzählen konnten (3. Kap., S. 32, Z. 22), doch wird über Wesentliches geschwiegen, Irritationen werden nicht thematisiert und Kommunikationsprobleme nicht gelöst. Das betrifft insbesondere folgende Aspekte:

→ **die Episode mit Josefine:** Die beiden sprechen nicht über ihre Erlebnisse; klar wird nur, dass Ludwig nichts davon hören will. „Ich hatte den ganzen Sonntag an sie [d. h. Josefine] gedacht und hätte so gerne Ludwig davon erzählt, wie es mit ihr war, und wollte von ihm hören, was er erlebt hatte." (2. Kap., S. 27, Z. 34 ff.) Ludwig wehrt jedoch alle Versuche, über das Erlebte zu sprechen, recht unwirsch ab: „Aber immer wenn ich gegenüber Ludwig auf das Thema zu sprechen kam, wich er aus, sprach sofort von etwas anderem." (2. Kap., S. 28, Z. 22 ff.)

→ **Stimmungsumschwung und die Disziplinlosigkeit Ludwigs vor dem Landesentscheid:** Ludwigs Laune hat sich verschlechtert, er ist kurz vor der entscheidenden Regatta „ein wenig missmutig und ungewohnt schweigsam" (4. Kap., S. 43, Z. 6); schließlich fängt er hemmungslos zu essen an, womit er die Teilnahme an dem Ruderwettbewerb gefährdet, da die beiden ein bestimmtes Durchschnittsgewicht (65 kg) nicht überschreiten dürfen. Über die Gründe dieser Disziplinlosigkeit zehn Tage vor dem Landesentscheid wird nicht gesprochen, der Ich-Erzähler stellt seinen Freund auch nicht zur Rede. Nachdem Ludwig nach einem verlorenen Vorbereitungsrennen beim Griechen ungewöhnlich viel Kalorienreiches bestellt hat, vermerkt Johann: „Er sagte nichts, er aß in aller Ruhe, dann bestellte er ein Eis. Ich saß erst schweigend auf einem Hocker, sah ihm zu [...]. Ludwig war sehr zufrieden, als er fertig war." (4. Kap., S. 61, Z. 12 ff.) Er isst auf dem Nachhauseweg und daheim weiter, stellt somit das gemeinsame Projekt in Frage, ohne sich zu erklären, und wirkt dabei „glücklich" (4. Kap., S. 62, Z. 25). Doch Johann, der mit Vera, nicht mit Ludwig darüber spricht, nimmt seinen Freund sogar in Schutz: „Er hat die ganze Zeit gehungert, sagte ich, es ist sein gutes Recht, dass er auch einmal ordentlich isst." (4. Kap., S. 61, Z. 38 ff.) Ludwig dominiert und manipuliert Johann, ohne dass der es merkt; so konstatiert der Ich-Erzähler nach dem unmäßigen Essen von Pfannkuchen, dass er Vera und deren Vater hasst – nicht seinen Freund, der allein ihn doch in so große Schwierigkeiten bringt (vgl. 4. Kap., S. 62, Z. 27). Als klar wird, dass Ludwig in den nächsten Tagen rücksichtslos weiter essen wird, hungert Johann entsprechend, damit beide das Limit nicht überschreiten. Zur verbalen Klärung und Auseinandersetzung kommt es aber nicht („Wir sagten kein Wort, ich sah ihn nicht an. Ich habe zehn Tage lang gehungert“, 4. Kap., S. 62, Z. 16 f.). Auch als Ludwig das Denken über das Turmprojekt für kindisch erklärt und Johann grob zurechtweist („Hör doch mal auf, sagte er, von diesem Scheiß-Schlitzaugenturm zu labern“, 4. Kap., S. 49, Z. 21 f.), wehrt sich der Erzähler nicht oder verlangt eine Erklärung, sondern gibt ihm einfach recht (vgl. 4. Kap., S. 62, Z. 22 ff.).

→ **die Aggressivität Ludwigs:** Als Ludwig eines Tages Vera auf dem Motorrad sitzen sieht, das er und Johann in diesem Sommer reparieren, verliert er die Kontrolle. Er stürzt sich auf seine Schwester, reißt sie vom Motorrad, schlägt und tritt sie, ehe er von seinem Vater und dem Ich-Erzähler weggezerrt werden kann. Allerdings prügelt er sich mit Johann vor der Werkstatt weiter, „ohne dass einer die Oberhand gewinnen konnte“ (4. Kap., S. 48, Z. 17). Der Ich-Erzähler berichtet davon, dass sich die beiden bald wieder vertragen hätten, allerdings ohne sich wohl ausgesprochen zu haben. Dies lässt sich vermuten, da der Ich-Erzähler nur über den Anlass des Konflikts allgemein spekuliert, den Vorfall relativiert, dabei erneut seinen Freund in Schutz nimmt und ihn gleichsam von einer Schuld freispricht: „Ich denke auch, dass ich Ludwigs Attacke gegen Vera richtig einschätze, wenn ich sage, dass sich zwischen Bruder und Schwester häufig etwas aufstaut, was sich eines Tages plötzlich entlädt. Das ist ganz normal, weshalb ein solches Ereignis auf den ersten Blick schlimmer wirkt, als es tatsächlich ist.“ (4. Kap., S. 48, Z. 21 ff.)

→ **Johanns Liebe zu Vera:** Am gravierendsten und am zerstörerischsten scheint der Umstand, dass Vera und Johann Ludwig über ihre Liebesbeziehung nicht in Kenntnis setzen, was den Grundsätzen des „Zwillingsgelübdes" völlig widerspricht. Ludwig muss, sofern er von der Beziehung weiß, das Schweigen als Verrat empfinden. Deshalb ist die Vermutung Veras naheliegend, die anderthalb Jahre nach dem tödlichen Unfall den Verdacht äußert, dass Ludwig den Zusammenstoß absichtlich herbeigeführt hat, um die beiden „für immer zusammenzuschweißen", um sie endgültig zu „vereinen", auch um sich „zu rächen" (6. Kap., S. 71, Z. 12 f.). Dass Ludwig von dem Verhältnis weiß, kann der Leser nur vermuten, doch sprechen viele Indizien dafür. Zum einen wird immer wieder erwähnt, wie die beiden die Gedanken des anderen erraten können, zum anderen schreit Johann beim Liebesspiel und der Ich-Erzähler fragt sich selbst, ob der Schrei „weit in die Nacht hinaus zu hören war" (3. Kap., S. 41, Z. 1 f.; vgl. auch 4. Kap., S. 46, Z. 35 ff.). Zudem wartet Vera oft in der Werkstatt auf Johann, und es ist schwer vorstellbar, dass Ludwig, der sehr sensibel seine Umgebung wahrzunehmen in der Lage ist, dies nicht mitbekommt. Dass die Geheimhaltung der Beziehung äußerst problematisch für die Freundschaft der beiden Jungen erscheint, ist auch daran zu erkennen, dass der Ich-Erzähler von seiner Beziehung erzählen will, aber letztendlich davon Abstand nimmt (vgl. 3. Kap., S. 34, Z. 9 ff.). Noch am Tag der Katastrophe trägt sich Johann mit dem Gedanken, Ludwig von Vera zu berichten, doch er schweigt und rechtfertigt sich im Nachhinein: „Man kann nicht in allen Momenten alles sagen." (5. Kap., S. 67, Z. 41 f.) Er erkennt selbst aus zeitlicher Distanz nicht (oder will es nicht wahrhaben), dass ein solches Verhalten den Freund zutiefst verletzen muss.

Ludwig weiß wohl von dem Verhältnis

Insgesamt bleibt festzuhalten, dass Johann und Ludwig gravierende Kommunikationsprobleme haben, obwohl sie sich immer ihre Gedanken und Träume erzählen wollen und Johann behauptet: „Wir dachten immer über dieselben Dinge nach, auch wenn es scheinbar Kleinigkeiten waren." (4. Kap., S. 54, Z. 2 ff.) Das vorgeblich blinde Verständnis funktioniert aber immer weniger; so nimmt Ludwig Berichte Johanns über Träume, in denen Josefine vorkommt, „ohne Kommentar zur Kenntnis" (3. Kap., S. 29, Z. 39). Johann belügt sich selbst, wenn er meint, die Freunde würden sich wortlos verstehen (vgl. 3. Kap., S. 34, Z. 16 ff.: „Zu jener Zeit waren wir, denke ich, mit unserem Zwillingsprojekt so weit gekommen, dass man nicht mehr über alles Worte verlieren musste. Die wichtigsten Dinge ahnten und wussten wir voneinander.") Wichtiges bleibt ungesagt. Auch aus der zeitlichen Distanz des Erzählers erkennt Johann dieses Defizit nicht, er verharrt in einer gewissen Naivität, verdrängt offensichtlich Unangenehmes und gibt Ludwig auch im Nachhinein in allem Recht (vgl. z. B. 2. Kap., S. 28, Z. 3 f.: „Er hatte natürlich auch Recht.").

Johann macht sich etwas vor, wenn er meint, er und Ludwig verstünden sich wortlos

Versuche, die Freundschaft zu vertiefen, und der Tod Ludwigs

Trotz der Gefährdungen und Missstimmigkeiten gibt es viele Momente des Glücks, der Freude und der Ausgelassenheit in dem Sommer vor dem Unfall. Ein beeindruckendes Zeichen der Freundschaft setzt Johann, als er die Polizisten anlügt und gesteht, ohne Führerschein gefahren zu sein, und somit Ludwig vor einer Anzeige bewahrt. Er nimmt die Schuld auf sich, leistet 20 Sozialstunden und glaubt, dass diese für Ludwig sehr viel schwerer zu ertragen gewesen wären (vgl. 4. Kap., S. 37). Sie tanzen sogar miteinander (vgl. 4. Kap., S. 38). Bezeichnend ist aber, dass Johann sich anschließend mit Vera trifft, die Freundschaft zu Ludwig ihre Ausschließlichkeit verloren hat.

Johann deckt Ludwig und leistet Sozialstunden ab

Gemeinsame Projekte: das Motorrad und der Turm in Asien

Die beiden Jungen verbringen weiterhin viel Zeit miteinander, setzen gemeinsam das Motorrad instand und träumen von der Zukunft; sie malen sich aus, wie sie in Asien einen hohen Turm bauen; das „Zwillingsprojekt“ scheint zu funktionieren („Und wir waren zwei, wir waren Zwillinge, zusammen konnten wir alles schaffen“, 4. Kap., S. 43, Z. 1 ff.). Doch gleichzeitig wird Ludwigs Laune schlechter, Johann führt das auf die Essprobleme zurück, denn sein Freund muss hungern, um das Idealgewicht zu halten (vgl. 4. Kap., S. 43, Z. 11 ff.).

Ludwigs Stimmung verschlechtert sich

In diese Zeit fällt auch die düstere Andeutung Ludwigs, der darauf verweist, dass ein Leben von einem Bremshebel abhängen kann (vgl. 4. Kap., S. 43, Z. 38 ff.). Als Johann Vera von dieser Äußerung lange nach dem Unglück erzählt, schöpft diese Verdacht und behauptet schließlich, Ludwig habe den Zusammenstoß absichtlich herbeigeführt und somit auch den Tod Johanns in Kauf genommen (vgl. 6. Kap., S. 71, Z. 1 ff.). Der Ich-Erzähler dagegen sieht die scheinbar beiläufige Bemerkung Johanns, „dass ein Leben vom richtigen Umgang mit so einem blöden Griff abhängen kann“ (4. Kap., S. 44, Z. 1 f.), eher als Zeichen der Übereinstimmung: „Natürlich hatte er Recht, und als er das sagte, kam mir der Gedanke so vertraut vor, als hätte ich ihn zur selben Zeit gedacht. Das war normal für uns.“ (4. Kap., S. 44, Z. 4 ff.)

Vielleicht merkt Ludwig, dass sich Johann unbewusst und ungewollt durch die Beziehung zu Vera von ihm entfernt. Jedenfalls stellt der Ich-Erzähler fest, dass Ludwig „sehr anhänglich“ wird (4. Kap., S. 44, Z. 7) und vorschlägt, ein zweites Bett in sein Zimmer zu stellen (vgl. 4. Kap., S. 44, Z. 23). Auch Johann fühlt, dass die Beziehung zu Vera seine Freundschaft zu Ludwig beeinträchtigen könnte; deshalb ist es ihm unangenehm, wenn seine Freundin sich an den Fantasien vom asiatischen Turm beteiligt (vgl. 4. Kap., S. 46, Z. 26 ff.). In der Schule geht er ihr eher aus dem Weg (vgl. 4. Kap.,

S. 46 f.). Vera wartet „eigentlich jede Nacht" (4. Kap., S. 45, Z. 6) auf Johann, doch der stellt keinen Zusammenhang her zwischen diesen Umständen und dem Gewaltausbruch Ludwigs, als er Vera auf dem Motorrad sieht.

Das Eindringen Veras in die Welt der „Zwillinge" wird von Johann nicht als sehr problematisch erkannt; Ludwig kämpft offensichtlich gegen die „Aufweichung" ihrer Freundschaft und betont deren Einmaligkeit. Vor dem Hintergrund der Katastrophe schwingt aber auch eine latente Drohung mit, wenn Ludwig sagt: „Ein Motorrad [...] ist wie ein Zweier ohne, zwei Leben, ein Schicksal." (4. Kap., S. 48, Z. 36 ff.)

Das Geheimnis um den toten Bauern soll sie fester aneinander binden

Das Geheimnis um den Bauern, der Selbstmord begangen hat, kann so als ein weiterer Versuch Ludwigs gewertet werden, seinen Freund noch enger an sich zu binden, der beginnenden Entfremdung entgegenzusteuern. Ludwig weigert sich, den Wunsch Johanns, die Polizei zu verständigen, zu erfüllen. Er wirkt merkwürdig aufgekratzt, als die beiden den Toten begutachten. Das Geheimnis um die Leiche (vgl. 4. Kap., S. 50 ff.) fügt sie noch stärker aneinander, sie stehen unter einer Spannung, die sie „verband, wie [sie] nichts anderes je verbunden hatte" (4. Kap., S. 52, Z. 40 f.). Sie bilden eine Art Geheimbund, spekulieren über mögliche Gründe für den Suizid, über den Beruf des Toten, binden ihn in ihre Träume vom asiatischen Turm ein, indem sie ihm eine Arbeit als Hausmeister zuweisen; sie sind heiterer Stimmung, ausgelassen und albern (in der Rückschau zieht Johann in Erwägung, dass dies die Folge des Freisetzens von Lachgas hätte sein können, vgl. 4. Kap., S. 54, Z. 32), zeigen aber auch Mitgefühl. Der Ich-Erzähler beteuert:

> „Man darf sich da nichts Falsches vorstellen. Uns war nicht feierlich zumute, nur am Anfang vielleicht, als Ludwig noch einmal von unserer Freundschaft sprach und der Gleichheit, zu der wir

> es gebracht hatten, und dass uns der Tote sagen würde, wie wichtig das ist, so zusammenzuhalten.“ (4. Kap., S. 53, Z. 24 ff.)

Dieses befremdlich wirkende, die Vorstellungskraft fast sprengende Ereignis bedingt ein intensives Erleben, das sein Ende findet, als die Freunde die in der Hitze des Sommers schnell verwesende Leiche im Fluss versenken (übrigens zeigt sich in dieser Handlung auch die Egozentrik und Gedankenlosigkeit der zwei Jungen, die nicht daran denken, dass die Angehörigen des Toten Gewissheit über dessen Schicksal haben möchten). Die Stimmung verdüstert sich wieder, Johann spricht „von der Sinnlosigkeit einer Welt, in der man nicht mit den Toten leben kann“ (4. Kap., S. 55, Z. 25 f.), und der Ich-Erzähler bemerkt zu dieser eher bizarren Aussage seines Freundes: „[...] und ich weiß nicht, ob ich, der eigentlich alle Gedanken mit ihm teilte, genau verstand, was er meinte, vielleicht unterbewusst“ (4. Kap., S. 55, Z. 26 ff.). Das bedeutet, dass nur oberflächlich und durch die Umstände bedingt die Freundschaft weiter vertieft worden ist.

Vertiefung der Freundschaft nur oberflächlich

Erneute Mutprobe auf der Brücke

Vielleicht schließt sich deshalb gleich die Mutprobe auf der Brücke an, da Ludwig die Labilität und Fragilität der Gemeinschaft spürt. Er nötigt Johann nach dem „Begräbnis“ des Selbstmörders freihändig auf dem Gitter der Brücke zu sitzen und beschwört dabei fast manisch seine Idee vom Zwillingsdasein (vgl. 4. Kap., S. 57 f.). Der Ich-Erzähler ist überrascht, hat also keinesfalls dieselben Gedanken wie Ludwig (vgl. 4. Kap., S. 57, Z. 37), will nicht auf das Gitter steigen, hat sehr große Angst, die er – so behauptet er jedenfalls im Rückblick – schließlich verliert (vgl. 4. Kap., S. 58, Z. 26 f.). Interessanterweise verweist der Ich-Erzähler in diesem Zusammenhang auf Vera („Ein Windhauch, dachte ich, ein Windhauch und du fliegst, wie der Hausmeister geflogen ist. Ich wollte das nicht. Ich hatte Ludwig, ich war nicht allein. Ich hatte auch Vera“, 4. Kap.,

S. 58, Z. 8 ff.), das heißt, er empfindet nicht die Exklusivität der Beziehung zu Ludwig, er ist nicht nur auf seinen Partner fixiert, ein Umstand, der – so sieht es jedenfalls Vera – möglicherweise zu dem von Ludwig verursachten Unfall geführt hat.

Die zehn Tage vor dem Landesentscheid hat der Ich-Erzähler trotz aller Schwierigkeiten und Widrigkeiten „in guter, in bester Erinnerung." (4. Kap., S. 63, Z. 9) Auch hier wird deutlich, dass er sich etwas vormacht, die Realität selbst nach Jahren nicht wahrhaben will. Trotzdem geben seine Erklärungen Aufschluss über die Gefährdung der Freundschaft, wenn er die Situation nach seinen Vorstellungen deutet, „uminterpretiert" und dabei – unbeabsichtigt und unbewusst – Wahres ausspricht:

Entwicklung in entgegengesetzter Richtung

> „Zwar entwickelten wir uns in verschiedene Richtungen, doch selbst das taten wir im Gleichschritt, so dass es am Ende genau passte. Was Ludwig zunahm, nahm ich ab. Dies, glaube ich, kann man nur als höhere, eine höchste Stufe von Freundschaft nennen." (4. Kap., S. 63, Z. 9 ff.)

Scheitern des Zwillingsprojekts?

Selbst wenn man die Aussage nur auf das Äußere bezieht, auf die Notwendigkeit, das Gewicht zu reduzieren, ist die Schlussfolgerung nur schwer nachzuvollziehen; denn wenn man sich auf der „höchsten Stufe der Freundschaft" befindet, vermeidet man, den anderen unter Druck zu setzen, wie es Ludwig tut, der ja keine Erklärungen für sein Tun, seine Disziplinlosigkeit gibt. Bezieht man das Bild vom Gleichschritt, der jedoch in verschiedene Richtungen führt, auf das „Zwillingsprojekt" allgemein, muss man dessen Scheitern diagnostizieren, da ja die Entwicklung diametral entgegengesetzt verläuft, und da hilft es auch nichts, wenn dies im gleichen Tempo geschieht.

Die Situation nach der Niederlage im Landesentscheid

Nach dem sehr knapp verlorenen Rennen kommen die beiden sich noch einmal sehr nahe. Sie schaffen eine der seltenen gelungenen Umarmungen, schmiegen sich aneinander, halten sich fest (vgl. 4. Kap., S. 63, Z. 23 ff.). Auch in dieser Situation bestimmt Ludwig das Geschehen („Ich hatte das Gefühl, dass sich Ludwig richtig festhielt, dass er es war, der die Länge unserer Umarmung bestimmte“, 4. Kap., S. 63, Z. 32 f.). Nach der deprimierenden Niederlage herrscht Sprachlosigkeit („Wir sagten nichts“, 4. Kap., S. 63, Z. 41 f.). Weder Ludwig noch der Ich-Erzähler sind in der Lage, ihre Gefühle und Gedanken in Worte zu fassen.

In derselben Nacht geht Johann zur Brücke und zieht dabei in Erwägung, dass Ludwig Selbstmord begangen haben könnte. Er bezeichnet das im Nachhinein als „hysterisch“ (4. Kap., S. 64, Z. 36), bestätigt aber doch durch diese Aussage, dass er Ludwig zu so einer Tat für fähig hält; er zieht dabei allerdings nicht die Schlussfolgerung, dass der Verdacht Veras, Ludwig habe einen erweiterten Suizid geplant, begründet ist. Und in seiner Behauptung, dass „der Hysteriker der Mensch in seiner ehrlichsten Ausprägung“ ist (4. Kap., S. 65, Z. 2 f.), steckt ja verschlüsselt die Erkenntnis, dass die Ängste um Ludwig begründet waren. Das Thema des Selbstmordes spielt in der Nacht nach dem verlorenen Rennen eine wichtige Rolle, denn auch Vera und Johann halten einen Selbstmordversuch des jeweils anderen nach den Enttäuschungen der letzten Tage nicht für ausgeschlossen. Der Ich-Erzähler stellt folgende Überlegung an: „Natürlich will niemand, dass ein Mensch seinetwegen Selbstmord begeht, andererseits gibt es keinen größeren Beweis der Liebe, denn auch unglückliche Liebe bleibt Liebe und ist oft die größere Liebe als die glückliche.“ (4. Kap., S. 65, Z. 16 ff.) Doch es kommt ihm nicht in den Sinn, diese Gedanken in Bezug zu dem „Zwillingsgelübde“ zu setzen.

Am Tag nach dem Landesentscheid freut sich der Ich-Erzähler zusammen mit Ludwig über dessen bestandene Führerscheinprüfung. Allerdings kommt es zu einer „dieser Umarmungen, die [ihnen] nicht gelangen." (5. Kap., S. 66, Z. 32 f.) Sie unternehmen einen „wunderbare[n] Ausflug" (5. Kap., S. 67, Z. 15), Johann macht aber sein Vorhaben, Ludwig von Vera zu erzählen, nicht wahr, und es kommt zu dem verhängnisvollen Unglück. Dass Vera anderthalb Jahre danach ihren Verdacht äußert, führt letztendlich zur Trennung von Johann, dem es in der Folgezeit nicht mehr gelingt, eine länger währende Beziehung aufzubauen.

Harmonischer Ausflug mit ihrem Motorrad und Ludwigs Tod

Die Beziehung zwischen Vera und Johann

Beim ersten Besuch des elfjährigen Johann bemerkt er die zehnjährige Vera kaum, auffälliger ist für ihn die dreckige, ölverschmierte Katze (vgl. 1. Kap., S. 12 f.). Die beiden kommen sich einige Jahre später etwas näher – gerade in dem Augenblick, als Ludwig mit Josefine in seinem Zimmer ist, um mit ihr zu schlafen. Vera kehrt unvermutet von einer Freundin zurück, während Johann in der Wohnküche wartet. Die beiden erzählen sich „Trennungsgeschichten" (vgl. 2. Kap., S. 23, Z. 27 f.), bis Johann unter einem Vorwand zu Josefine geht. Der Ich-Erzähler stellt fest, dass Vera ihm „ganz gut" gefiel (3. Kap., S. 31, Z. 34). Als ein kleines Mädchen entführt wird und erst nach drei Wochen wieder freikommt, zeigt Vera großes Mitgefühl. Johann bemerkt sie weinend in der Werkstatt und tröstet sie; sie schmiegt sich an ihn, und die beiden tauschen Zärtlichkeiten aus (vgl. 3. Kap., S. 32 f.).

Anfänglich kaum Interesse an Ludwigs Schwester

Schließlich sieht Johann eines Tages nach Mitternacht noch Licht in der Werkstatt. Er trifft Vera, die sich um ihren kranken Kater sorgt. Diesmal zeigt Johann Mitleid mit dem Tier, das ihn sonst eher abstößt. Das ist der Auslöser für die körperliche Annäherung. Vera und Johann streicheln sich und schlafen im Freien schließlich zum

Zunehmende Annäherung und Intensivierung der Beziehung

ersten Mal miteinander. Diese Liebesnacht ist insofern bedeutsam, als Johann kurz davor mit Ludwig noch zum Reggae getanzt hat; möglicherweise hat Ludwig schon in dieser Nacht etwas von der Beziehung seiner Schwester zu seinem Freund mitbekommen, denn als Vera Johann in den Hals beißt, schreit er und er weiß nicht, ob der Schrei „weit in die Nacht hinaus zu hören war" (3. Kap., S. 41, Z. 1 f.; vgl. auch S. 46, Z. 34 ff.). Ist das so, lässt sich vermuten, dass Ludwig ihn gehört hat. Die Beziehung der beiden muss er als Verrat empfinden, zumal das Verhältnis zu seiner Schwester konfliktträchtig ist; er äußert sich ironisch und verächtlich (vgl. 2. Kap., S. 23, Z. 10 f.) und schlägt sie ja sogar (vgl. 4. Kap., S. 47 f.).

Die Beziehung zwischen Vera und Johann intensiviert sich, doch kommt es zwischendurch auch zu einer gewissen Distanzierung bzw. einer Verminderung der Treffen: „Ich muss sagen, dass ich mir langsam Sorgen machte, als Vera eine Woche lang nicht mehr in der Werkstatt gewartet hatte." (4. Kap., S. 58, Z. 34 f.) Nach dieser Zeit gewinnt die Beziehung insofern eine neue Qualität, als die beiden sich in der Werkstatt lieben und dabei auch einen Topf mit Farbe umwerfen; und für den Leser liegt es nicht nur nahe, wie Johann zu fragen, was Veras Vater dazu sagen würde, sondern insbesondere wie das Ludwig zu erklären wäre, der ja auch den Fleck bemerken würde (vgl. 4. Kap., S. 59 f.). Als Ludwig vor dem Landesentscheid unmäßig zu essen beginnt, kommt es zu einer Verstimmung zwischen Vera und Johann, der seinen Freund in Schutz nimmt („Er hat die ganze Zeit gehungert, sagte ich, es ist sein gutes Recht, dass er auch einmal ordentlich isst", 4. Kap., S. 61, Z. 38 ff.). Schließlich lässt sich der Ich-Erzähler sogar zu der Äußerung hinreißen, dass er Vera bei einem der exzessiven Pfannkuchenessen gehasst habe (vgl. 4. Kap., S. 62, Z. 27); er ignoriert dreimal das Licht in der Werkstatt (vgl. 4. Kap., S. 65, Z. 12 f.) und hält dies dann fälschlicherweise für einen Grund, dass Vera sich umbringen

Vera (Sophie Rogall) und Johann (Tino Mewes) nach Ludwigs Tod im Film *Zweier ohne* (2008) © Stardust/ Cinetext

könnte. Nach dem verlorenen Landesentscheid, in der Nacht vor dem tödlichen Unfall, treffen sich Vera und Johann, sie sind sich nahe und Johann versichert, mit seiner Mutter sprechen zu wollen, damit Vera manchmal bei ihm übernachten könne (was wohl nicht im Sinne Ludwigs gewesen wäre; vgl. 4. Kap., S. 65, Z. 23 ff.).

Die Beziehung nach Ludwigs Tod

Der Erzähler berichtet schließlich knapp die Geschichte der Beziehung zu Vera nach dem Tod Ludwigs; sie waren noch ca. zwei Jahre zusammen, doch bekam ihre Liebe einen Riss nach anderthalb Jahren, als Vera ihren Verdacht über den Unfallhergang äußert. Vera lebt mittlerweile in den USA und hat ein Kind. Der Erzähler freut sich auf das Wiedersehen, das nach vielen Jahren nun bevorsteht (vgl. 6. Kap.).

3.5 Sachliche und sprachliche Erläuterungen

Titel:	***Zweier ohne***	bezogen auf den Rudersport: Zweier ohne Steuermann; jeder der zwei Athleten hat jeweils einen Riemen/ein Ruder in der Hand, sie haben keinen Steuer-, aber einen Schlagmann; um erfolgreich zu sein, müssen die Sportler sehr gut harmonieren (technisch anspruchsvollste Bootsklasse, da es schwer ist, das Gleichgewicht zu halten); im übertragenen Sinn kann der Titel den Absolutheitsanspruch der Freundschaft symbolisieren
1. Kapitel:		
S. 6, Z. 12:	**King Kong**	riesiger, monsterartiger Gorilla, Titelfigur in Filmen u. a. aus den Jahren 1933, 1976, 2005
S. 6, Z. 30	***Die Bürgschaft***	Ballade von Friedrich Schiller (1759–1805), entstanden 1798
S. 11, Z. 36	**Albino**	Mensch oder Tier mit fehlender Farbstoffbildung („Weißling")
S. 12, Z. 31	**Part**	Rolle (eigentlich in einem Film, im Theater)
S. 12, Z. 34	**Blaumann**	blauer Monteuranzug
S. 13, Z. 21 f.	**Norton, Triumph, AJS (benannt nach Albert John Stevens), BSA (Birmingham Small Arms Company)**	Motorradmarken
S. 14, Z. 18	**Trapper**	Pelztierjäger in Nordamerika
S. 16, Z. 28	**konstant**	ständig gleichbleibend
S. 16, Z. 30	**Overall**	einteiliger Schutzanzug für Mechaniker

S. 17, Z. 17	**Dekolleté**	tiefer Ausschnitt an Damenkleidern, der Schultern, Brust oder Rücken frei lässt
S. 18, Z. 28	**euphorisch**	hochgestimmt
2. Kapitel:		
S. 20, Z. 8	**Russlanddeutsche**	sind aus Russland nach Deutschland übergesiedelt; können aufgrund ihrer deutschen Vorfahren schnell die deutsche Staatsbürgerschaft erhalten und genießen von Anfang an in Deutschland alle Bürgerrechte (vgl. Art. 116 des Grundgesetzes)
S. 27, Z. 9, 21	**Dolle**	Vorrichtung zum Halten der Riemen/ Ruder
S. 27, Z. 14	**Klinker**	bes. hart gebrannter Ziegel
S. 27, Z. 14	**Skiff**	Einmannruderboot
S. 27, Z. 22	**Schlagmann**	bestimmt die Schlagfrequenz eines Mannschaftsbootes (Rudersport)
3. Kapitel:		
S. 30, Z. 32	**Jugoslawien**	zerfiel ab 1991/92 in einzelne Staaten wie Slowenien, Kroatien, Bosnien-Herzegowina, Serbien, Montenegro
S. 30, Z. 34	**Sowjetunion**	bestand aus 15 Republiken: Auflösung 1991 und Zerfall in Einzelstaaten wie Russland, Ukraine, Weißrussland, Kasachstan, Armenien, Lettland, Litauen, Estland
S. 30, Z. 38	**Sexta**	(veraltend) erste Klasse des Gymnasiums
S. 35, Z. 30	**Substitut**	Stellvertreter; Verkaufsleiter
S. 38, Z. 35	**Bowdenzug**	nach dem engl. Erfinder H. Bowden (1880–1960); Drahtkabel zur Übertragung von Zugkräften, bes. an Kraftfahrzeugen

4. Kapitel:		
S. 41, Z. 13	**Bowdenzug**	vgl. 3. Kap., S. 38
S. 42, Z. 18 f.	**Seoul, Manila, Saigon, Hanoi**	Hauptstadt Südkoreas (ca. 10 Mio. Einwohner), Manila: Hauptstadt der Philippinen (ca. 12 Mio. Einwohner), Saigon (offiziell seit 1976: Ho-Chi-Minh-Stadt): größte Stadt Vietnams (ca. 7,1 Mio. Einwohner), Hanoi: Hauptstadt Vietnams (ca. 6,5 Mio. Einwohner)
S. 43, Z. 9	**Broker**	Börsenmakler
S. 43, Z. 25	**forcieren**	steigern
S. 49, Z. 7	**Krümmer**	gebogenes Rohrstück
S. 49, Z. 16	**Serpentinen**	in Schlangenlinien ansteigender Weg
S. 50, Z. 21 f.	**Rangun**	größte Stadt (ca. 4,5 Mio. Einwohner) in Myanmar (früher Birma bzw. Burma)

3.6 Stil und Sprache

ZUSAMMEN-FASSUNG

Das Prosawerk Kurbjuweits weist alle wesentlichen Merkmale einer Novelle auf: mittlere Länge, klarer Aufbau mit einem Wendepunkt, „unerhörte" Begebenheiten erregen das Interesse, ein zentraler Konflikt – die Entwicklung und Gefährdung der Freundschaft – steht im Mittelpunkt.
Symbole und Motive bilden ein dichtes bedeutungstragendes Geflecht, das Möglichkeiten, aber auch Grenzen bzw. Gefahren der Freundschaft widerspiegelt. Besonders hervorzuheben sind Ruderboot, Motorrad, Brücke, Turm sowie das Zwillings- und Todesmotiv.
Die Geschehnisse werden ganz subjektiv – viele Jahre nach dem Unfall Ludwigs – geschildert aus der Sicht des Ich-Erzählers Johann, der sich nicht immer sicher ist, ob er sich richtig erinnert. Es wird nicht immer chronologisch erzählt, sondern es kommt zu Einschüben und Hinweisen auf Kommendes. Mitunter kommentiert der Erzähler seine Ausführungen. Die Sprache ist einfach und nähert sich bisweilen dem Mündlichen bzw. Umgangssprachlichen.

Novelle

Novelle

Definition der Novelle

„(it., eigentl. = kleine Neuigkeit, zu lat. novus, novellus = neu): Sie ist meist eine kürzere Prosaerzählung, die den Einzelfall, ein bestimmtes Ereignis, durch (Ding-)Symbole bzw. Leitmotive ins Allgemeine hebt. Der Kern der Erzählung ist ‚eine sich ereignete unerhörte Begebenheit' (Goethe), die eine unerwartete Wende hervorruft. Die Ereignisse beruhen oft auf einem zentralen Konflikt, der einen Gegensatz zwischen Außergewöhnlichem und Herkömmlichem beinhaltet. Kennzeichnend ist eine klare, straffe Handlungsführung und das pointierte Hervortreten von Höhe- und Wendepunkten. Deshalb steht die Novelle in ihrem Aufbau dem Drama nahe; Th. Storm bezeichnete die Novelle als ‚Schwester des Dramas und die strengste Form der Prosadichtung'."[4]

Aufzeigen der Novellenmerkmale in *Zweier ohne*

Die in der Definition genannten Merkmale einer Novelle weist auch Dirk Kurbjuweits Erzählung mittlerer Länge auf:

→ **Kern – „eine sich ereignete unerhörte Begebenheit":** Im Grunde kommen in Kurbjuweits Novelle mehrere solcher Begebenheiten vor, entscheidend sind sicherlich der Tod Ludwigs und seine Umstände; zu nennen ist aber auch der spektakuläre Beginn, nämlich das „vom Himmel fallende Mädchen"; darüber hinaus ist das „Geheimnis" um den Bauern, der Selbstmord begangen hat, zu erwähnen. Das Außergewöhnliche der Geschichte an sich besteht in der scheiternden Idee einer bedingungslosen Freundschaft, die im Gegensatz zu „herkömmlichen" Bindungen und Liebesbeziehungen steht.

→ **klare, straffe Handlung mit Höhe- und Wendepunkt:** Die Novelle ist wie ein Drama aufgebaut: Kapitel 1 bedeutet die Exposition, die Einführung in die Handlung, in Zeit, Raum Personen und Konflikte (z. B. Gefährdung der Freundschaft, Todesmotiv); in Kapitel 2 und 3 steigert sich die Handlung, der Konflikt entfaltet sich; Kapitel 4 und 5 beinhalten Höhe- und Wendepunkt, ein retardierendes Moment sowie die Katastrophe; Kapitel 6 kann als Art Epilog oder Nachspiel gesehen

---

4 Zit. nach: Will, Klaus: *Kommentar*. In Kurbjuweit, Dirk: *Zweier ohne*, S. 73

werden – nach einem Zeitsprung wird eine Erklärung für das Geschehen geliefert (die Verdächtigungen Veras).[5]

- → **unerwartete Wende:** Der Tod Ludwigs ist der tragische Höhepunkt bzw. die Katastrophe der Geschichte, der auch eine gravierende Wende in Johanns Leben bewirkt; durch die Mutmaßung Veras, dass ihr Bruder den Unfall bewusst herbeigeführt hat, bekommt die Handlung eine neue Wendung; auch die anderen „unerhörten Begebenheiten" weisen überraschende Wendungen auf: das Rätsel um das Mädchen zu Beginn der Novelle wird erst später gelöst und führt zur Freundschaft der beiden Jungen; das „Geheimnis" um den Bauern endet mit der ungewöhnlichen Bestattung im Fluss und einer weiteren Mutprobe, kann aber die beiden Jungs im Grunde nicht enger zusammenschweißen (wie das wohl Ludwig beabsichtigt hat). Eine Wende in dem Geschehen bewirkt die Liebesbeziehung zwischen Johann und Vera, die – so kann man die Ereignisse deuten – die Verhaltensänderung Ludwigs auslöst und möglicherweise die Ursache für seinen Entschluss ist, nach dem verlorenen Landesentscheid absichtlich einen tödlichen Unfall herbeizuführen.
- → **zentraler Konflikt:** Er besteht in erster Linie zwischen dem „Zwillingsgelübde", dem Ideal einer vollkommenen Freundschaft, und den Gefährdungen dieser Freundschaft (die vom Ich-Erzähler verdrängt werden), ein Konflikt, der letztlich in der Katastrophe endet.
- → **weitere Merkmale einer Novelle:** sind darüber hinaus oft die Einbettung in eine Rahmenhandlung oder auch der Anspruch auf Authentizität.

———

5 Vgl. Dramenschema im Kapitel Aufbau auf Seite 35.

Dadurch, dass die Erzählung mit der Beschreibung des Beginns der Freundschaft der Elfjährigen einsetzt und mit dem Ausblick auf das Treffen mit Vera viele Jahre nach dem Unfall in der Erzählergegenwart endet, liegt eine Art Rahmenhandlung vor. Die zentralen Ereignisse, die in der Novelle beschrieben werden, umfassen den Sommer und Herbst bis zu Ludwigs 18. Geburtstag.

Das Kriterium der Authentizität (Glaubwürdigkeit, Echtheit) meint, dass die Ereignisse real vorstellbar sein müssen. Auch wenn „Unerhörtes" geschieht (deswegen wird die Geschichte ja erzählt), hat sie – anders als z. B. Legenden und Märchen – einen klaren Realitätsbezug (u. a. durch die zeitliche und lokale Verortung und auch durch den Erzähler, der manchmal mit dem Leser sogar in eine Art Dialog steht, z. B. wenn er sagt: „Ich hoffe, jedem ist klar, was es heißt, ein solches Angebot zu bekommen", 2. Kap., S. 26, Z. 20 f.).

Symbole und Motive

Symbol:

Definition des Symbols

(griech.: symbolon: Wahrzeichen, Kennzeichen):
In der Dichtung dient ein Symbol (meist ein Gegenstand) der Veranschaulichung, es weist über sich hinaus auf etwas Allgemeines und gewinnt somit eine besondere Bedeutung, so kann z. B. das Herz Symbol für die Liebe sein, die Taube ist Zeichen des Friedens, die Farbe Grün steht für die Hoffnung.

Motiv:

Definition des Motivs

(lat.: movere: bewegen):
Unter einem Motiv versteht man eine sich wiederholende, bedeutungsvolle Situation (auch: Gegenstand, Vorgang, Verhalten, Zu-

stand), die symbolische Bedeutung hat, also über sich hinaus weist. Ist das Motiv von besonderer Wichtigkeit, spricht man von einem Leitmotiv (vgl. Leitmotive in der Musik: wiederkehrende, einprägsame Tonfolgen).

> „Die Novelle *Zweier ohne* ist von einer intensiven, ausdrucksstarken Symbolik geprägt, die leitmotivisch den gesamten Text durchzieht. Auch sind die einzelnen Symbole auf inhaltlicher Ebene miteinander verknüpft, so dass sich ein dichtes, bedeutungsreiches Netz unterschiedlicher Symbolbereiche ergibt.“[6]

Leitmotivisch gebrauchte Symbole in der Novelle *Zweier ohne*:

Das Ruderboot (das Rudern)

Im Zweier ohne ist kein Platz für Dritte

Das Ruderboot der beiden Jungen, der „Zweier ohne Steuermann“, ist von besonderer Bedeutung, wie schon der Titel der Novelle zeigt. Voraussetzung für den Erfolg in dem technisch anspruchsvollen Boot ist eine große Harmonie zwischen den Ruderern. Die Wahl des Bootes verdeutlicht auch, dass kein Dritter (ein Steuermann) die symbiotische Freundschaft „stören“ soll (wie das auch Marco oder Josefine außerhalb des Sports nicht gelingt, wohl aber Vera).

Johann und Ludwig bringen die besten Voraussetzungen mit, scheinen eine perfekte Einheit zu bilden. Allerdings ist festzuhalten, dass auch im Team Ludwig den Ton bestimmt, denn er ist der Schlagmann, der das Tempo vorgibt (vgl. 2. Kap., S. 27, Z. 22); Johann muss seinen Bewegungen folgen und wird auch ermahnt, wenn eine Fahrt nicht nach den Vorstellungen Ludwigs verläuft („Es ist Unruhe im Boot, zischte Ludwig, konzentrier dich“, 2. Kap., S. 27, Z. 37 f.). Dass das Ziel der völligen Übereinstimmung utopisch und

---

6 Pfäfflin, Sabine: *Auswahlkriterien für Gegenwartsliteratur im Deutschunterricht*. Hohengehren: Schneider Verlag, 2007, S. 75

nicht zu erreichen ist, macht auch die Niederlage im Landesentscheid gegen die „echten“ Zwillinge aus Potsdam deutlich.

Das Motorrad

Das Motorrad ist wie ein Zweier ohne

Ludwig vergleicht das Motorrad mit dem Ruderboot und gibt ihm damit selbst symbolische Bedeutung: „Ein Motorrad […] ist wie ein Zweier ohne, zwei Leben, ein Schicksal.“ (4. Kap., S. 48, Z. 36 ff.) Dieser Satz enthält auch eine Vorausdeutung, da durch den Unfall beider Schicksale unauflöslich miteinander verwoben werden. Als Kinder spielen Ludwig und der Erzähler selbstvergessen mit den Motorrädern in der Werkstatt des Vaters. Später reparieren sie unermüdlich und hingebungsvoll ein Motorrad, eine „Triumph“ (ein doppeldeutiger Name!), was sie noch enger zusammenschweißt. Bezeichnenderweise kommt es zum Gewaltexzess, als Vera auf der Triumph sitzt und am Gasgriff dreht (vgl. 4. Kap., S. 48), also aus Sicht Ludwigs in die Domäne der zwei Jungen einbricht (auch Josefine sitzt einmal auf dem Motorrad, vgl. 2. Kap., S. 22, Z. 12 f.).

Zeichen für Nähe und Freundschaft

Als die beiden eine unerlaubte Spritztour unternehmen – natürlich ist Ludwig der Fahrer, gibt also Tempo und Richtung vor –, werden sie von der Polizei erwischt. Johann nimmt wie selbstverständlich die Schuld auf sich – ein weiterer Umstand, der belegt, dass Ludwig seinen Freund vereinnahmt und ihm überlegen scheint. Für Johann und Ludwig bedeutet das Motorrad die Aussicht auf Freiheit und Unbeschwertheit. Während für Ludwig das aber ausschließlich für die beiden Jungen gilt, erweitern sich die Möglichkeiten für den Ich-Erzähler, denn Vera und er träumen davon, gemeinsam ans Meer zu fahren: „Fahr mit mir ans wilde Meer, sagte sie. Und hätte das Motorrad, auf dem wir saßen, einen Motor gehabt, wäre ich vielleicht wirklich losgefahren.“ (4. Kap., S. 60, Z. 32 f.)

Ist das Motorrad anfangs Zeichen für Nähe und Freundschaft, wandelt sich im Laufe der Geschichte seine Bedeutung. Es symbolisiert die Gefährdung der beiden, die Brüchigkeit des „Zwillingsgelübdes“ und versinnbildlicht schließlich den Tod, auf den Ludwig mit seinen Äußerungen düster vorausweist, wenn er beim Betrachten des Bremshebels sagt: Ist „es nicht seltsam, dass ein Leben vom richtigen Umgang mit so einem blöden Griff abhängen kann? Ich meine, [...] du ziehst im falschen Moment oder ziehst nicht und zack!, komisch, oder?“ (4. Kap., S. 43, Z. 40 ff.) Johann erinnert sich lange nach dem Unfall an diesen Ausspruch, und als er Vera davon erzählt, beginnt diese über dessen Bedeutung nachzudenken, begreift ihn also auch als Art Prophezeiung oder Drohung (vgl. 6. Kap., S. 71).

Versinnbildlicht den Tod

Der Turm

Wie das Motorrad steht der Traum vom hohen Turm, den die beiden Jungen errichten wollen, für Freiheit, Abenteuer, Ausgelassenheit, Lebensfreude, Macht, Geld und außerordentlichen beruflichen Erfolg.

Freiheit und Abenteuer vs. Gefährdung und Scheitern

Der Turm soll gigantische Ausmaße haben, in einem exotischen Land stehen und Zeichen für ihre enge Partnerschaft und den gemeinsamen Lebensweg über die Schulzeit hinaus sein. Zugleich symbolisiert er auch die Gefährdung und das Scheitern, denn zum einen beteiligt sich Vera an den Visionen („Ich will die Etage unter euch“, 4. Kap., S. 46, Z. 6) – was Johann mit Wohlwollen, aber auch mit Unbehagen sieht („Der Turm in Asien war eine Sache zwischen Ludwig und mir“, 4. Kap., S. 46, Z. 26 f.). Zum anderen signalisiert Ludwig mit seiner harschen Absage an das Projekt („Hör doch mal auf, sagte er, von diesem Scheiß-Schlitzaugenturm zu labern“, 4. Kap., S. 49, Z. 20 f.), dass er das Utopische des Traums erkannt hat. Er nimmt offensichtlich die Realität zur Kenntnis (also vermutlich auch das Verhältnis zwischen Vera und Johann), während sein Freund bis zum Schluss die Aussichtslosigkeit ihrer hochfliegenden Zukunftspläne nicht wahrhaben will, selbst wenn er das Kindische und Maßlose ihrer Fantastereien im Hinblick auf den Turm nach dieser Kritik feststellt. Er erklärt, Ludwigs Grobheit entschuldigend: „Im ersten Augenblick war ich ein bisschen verletzt, aber dann wurde mir rasch klar, dass er eigentlich Recht hatte, weil die Idee vom Turm in Asien vielleicht doch zu kindisch war für unser Alter." (4. Kap., S. 49, Z. 22 ff.)

Die Brücke

Auch die Brücke beinhaltet mehrere Bedeutungsschichten. Sie wird gleich zu Beginn der Novelle erwähnt als Ort, unter dem Ludwigs Elternhaus liegt und von dem Selbstmörder in die Tiefe springen. Das Bild der „Brücke" steht oft dafür, Verbindungen herzustellen, Gegensätze zu überwinden. Hier wird die Freundschaft der beiden Elfjährigen besiegelt, hier verlangt Ludwig verschiedene Mutproben von Johann, die durchaus lebensgefährlich sind (vgl. 1. Kap., S. 13 ff.; 2. Kap., S. 25 f.; 4. Kap., S. 57 f.)

Mutproben

Steht für Gefahr und Tod

Die Brücke ist von Anfang an mit Gefahr und Tod verbunden. So erzählt Ludwig, noch bevor das Mädchen sich von dem Bauwerk stürzt, davon, dass in einem der Pfeiler ein Arbeiter stecke (vgl. 1. Kap., S. 8 f.). Auch stellt sich heraus, dass das entführte kleine Mädchen in einem Brückenpfeiler versteckt worden war (vgl. 3. Kap., S. 32), und das „Geheimnis" um den Bauern, der von der Brücke gesprungen ist, soll die beiden Jungen enger zusammenschweißen. Johann hält es sogar für möglich, dass sich Ludwig in seiner Enttäuschung und Verzweiflung nach dem verlorenen Landesentscheid von der Brücke stürzen könnte (vgl. 4. Kap., S. 64, Z. 25 ff.). In dieser Situation trifft der Ich-Erzähler Vera, die zwei Liebenden ziehen erstmals in Erwägung, Ludwig von ihrer Beziehung zu berichten. Die Brücke gewinnt also auch für Johann und Vera eine wichtige Bedeutung hinsichtlich einer Vertiefung ihres Verhältnisses.

So versinnbildlicht die Brücke beides: das Unheil, die Gefährdung, den Tod, aber – aufgrund ihrer Größe – auch Abenteuer und Faszination, insbesondere jedoch die Freundschaft der beiden Jungen, die sich unbedingte Treue schwören und sich der Illusion verschreiben, wie Zwillinge sein zu wollen:

Versinnbildlicht auch die Freundschaft der Jungen

> „Wir müssen immer das Gleiche tun, wir müssen immer das Gleiche wollen, wir müssen immer das Gleiche denken. Er schrie. Und wenn einer von uns einen Grund hat, von dieser Brücke zu springen, dann muss das auch ein Grund für den anderen sein, von dieser Brücke zu springen, verstehst du? Willst du das? Ich wollte. Ich war sehr glücklich an diesem Abend. Wir waren Freunde und jetzt würden wir Zwillinge werden." (2. Kap., S. 26, Z. 12 ff.)

Diese Freundschaft ist von Anfang an gefährdet, und die Brücke – insbesondere bei der letzten, gefährlichsten Mutprobe – ist „Sinnbild für den schmalen Grat, auf dem die beiden entlang balancieren – immerzu um das sensible Gleichgewicht in ihrer Beziehung bemüht."[7]

Die Zwillinge

Das Motiv der Zwillinge zieht sich durch die ganze Novelle. Die beiden Jungen wollen wie eineiige Zwillinge sein, alles gemeinsam tun (in der Verfilmung wird die äußere Angleichung dadurch zum Ausdruck gebracht, dass sie sich eine Glatze schneiden lassen). Tatsächlich verbringen sie sehr viel Zeit miteinander und scheinen sich

---

7 Pfäfflin, Sabine: *Auswahlkriterien für Gegenwartsliteratur im Deutschunterricht*, S. 78

ausgezeichnet zu verstehen. Das kommt auch durch ihre Siege zum Ausdruck, denn sie harmonieren bestens im Zweier ohne Steuermann. Ihre Grenzen werden aber nicht nur durch die Zwillingsbrüder aus Potsdam aufgezeigt, sondern auch in ihrem Verhältnis zueinander, das immer asymmetrischer und ungleichgewichtiger wird.

Ungleichgewicht von Anfang an, da Ludwig alles bestimmt

Im Grunde übernimmt von Anfang an Ludwig die Führung, er gibt oft vor, wie die Jungen sich verhalten, was sie unternehmen wollen (schon dem elfjährigen Johann imponiert die Souveränität des wenig Älteren beim Auffinden der Selbstmörderin; ihm wird auch gleich die erste Mutprobe abverlangt). Ludwig ist der Schlagmann im Boot, er ist der Fahrer bei der verbotenen Spritztour, er initiiert das Liebeserlebnis mit Josefine, er unterbindet den weiteren Umgang sowohl mit der Russlanddeutschen als auch mit Marco. Er verkündet abrupt das Ende der Fantastereien um den asiatischen Turm, zwingt durch seine Essanfälle Johann zu hungern. Er ist also stets dominant und bestimmend, ohne dass Johann offensichtlich darunter leiden würde. Vielmehr akzeptiert er alle Entscheidungen und auch die Launen des Freundes, was die enge Verbundenheit zu ihm belegt (bis über den Tod hinaus). Und von Anfang an gibt die Freundschaft zu Ludwig dem Ich-Erzähler – gerade in der schwierigen Phase der Pubertät – eine gewisse Stabilität und auch Sicherheit, ihm wird die Angst genommen (vgl. 1. Kap., S. 19).

> „Wir waren sechzehn, als er das sagte, wir fanden uns hässlich, wir fanden uns unerträglich, und wir hofften so, dass es Menschen gibt, die das anders sehen. Nie hat man größere Zweifel und nie größere Hoffnungen, in derart raschem Wechsel. Es ist kaum zu ertragen. Und dann kommt jemand und sagt: Ich will genauso sein wie du. Wie phantastisch das ist. Wie sicher einen das macht. Denn weil wir uns so unsicher waren, stellte jeder

> andere eine Bedrohung dar. […] Einen Zwilling zu haben, konnte einen von vielem befreien. Ein Zwilling, so verstand ich Ludwig, ist einer, der einen nie erschüttert – weil das, was er tut und sagt und trägt, immer auch das Eigene ist.“ (2. Kap., S. 26, Z. 21 ff.)

Erst die Beziehung zu Vera, die Ludwig nicht verhindern kann, führt zu einer gewissen Emanzipation Johanns. Er schafft sich einen Bereich, an dem Ludwig keinen Anteil hat, was diesen offenbar „erschüttert“. Diese vorsichtige Lösung von der bedingungslosen Zwillingsfreundschaft führt wohl auch zur Katastrophe und zum Scheitern der Beziehung zwischen Vera und dem Ich-Erzähler.

> „So kippt die symbolische Bedeutung des Zwillingsdaseins rasch ins Negative: Aus dem anfänglichen Ideal von Nähe, Sicherheit und Glück wird eine lebens- und lustfeindliche Fessel, die die Entfaltung von Johanns Individualität hemmt.“[8]

Das Motiv des Todes

Der Tod durchzieht die gesamte Novelle

Bereits mit dem ersten Satz wird das Motiv des Todes eingeführt, denn das Mädchen, das „vom Himmel fällt“, hat sich selbst umgebracht. Im ersten Kapitel wird auch davon berichtet, dass ein Arbeiter in einen Pfeiler einbetoniert worden sei. Johann erwähnt, dass er Angst vor dem Tode der Eltern gehabt habe. Die potenziell lebensgefährlichen Mutproben, Ludwigs düstere Andeutungen, die Gespräche der beiden Freunde über den Tod, das „Geheimnis“ um den Bauern, der Selbstmord begangen hat, und schließlich der Unfall Ludwigs – in vielen Situationen kommt das Todesmotiv vor, eng verknüpft mit den die Novelle durchziehenden Symbolen wie Brücke und Motorrad.

---

8 Pfäfflin, Sabine: *Auswahlkriterien für Gegenwartsliteratur im Deutschunterricht*, S. 85

Die in *Zweier ohne* angesprochenen Themen lassen sich somit „ins Allgemeine“ heben: Freundschaft, Liebe, Tod, Angst, Sexualität, Identitätssuche und Rivalität.

Die Erzählweise

Rückblickender Erzählbericht aus der Ich-Perspektive

Bei dieser Novelle handelt es sich um eine Art Erzählbericht, den Johann rückblickend (er ist ca. 24–29 Jahre alt) aus der Ich-Perspektive wohl aus Anlass des bevorstehenden Besuches von Vera verfasst. Er rekapituliert aus großer zeitlicher Distanz die Geschehnisse seit seinem elften Lebensjahr, wobei der Schwerpunkt auf dem Sommer und Herbst liegt, als beide Jungen 17 Jahre alt sind, bis zu Ludwigs 18. Geburtstag, der auch sein Todestag ist. Im letzten Kapitel ist der Leser in der Erzählgegenwart angelangt.

Meist chronologisch

Der Erzähler geht bei seinem Bericht in der Regel chronologisch vor, doch wird diese Chronologie auch durchbrochen. So wird z. B. im ersten Kapitel die Situation geschildert, als Johann und Ludwig in einem Zimmer übernachten, Johann aber wachliegt und er schließlich das Mädchen hört, das sich von der Brücke stürzt. Dieses Ereignis bildet gleichsam einen Rahmen, innerhalb dessen Johann sich an die Geschehnisse vor dieser Nacht erinnert. Manche Ereignisse werden beiläufig erwähnt (wie die Scheidung der Eltern Johanns), andere werden vorweggenommen (Einschübe und Vorausdeutungen auf Kommendes).

Subjektive Erzählhaltung

Die Erzählhaltung ist sehr subjektiv. Der Leser bekommt ausschließlich die Sichtweise Johanns präsentiert (z. B. werden auch keine Briefe vorgelegt, die die Perspektive eines anderen dokumentieren könnten). Die wiedergegebenen Dialoge müssen auch nicht dem Kriterium der Objektivität genügen, da etliche Jahre bis zur Aufzeichnung der Gedanken und Gespräche vergangen sind. Auffällig ist die Naivität des Erzählers, der das Destruktive und Zerstörerische der Freundschaft nicht erkennen will und Ludwigs (machtbewusstes) Verhalten immer wieder rechtfertigt. Dies kann als Verdrängung und Verklärung bezeichnet werden, wobei dem Leser die Gefährdungen der Freundschaft trotz aller Beteuerungen nicht verborgen bleiben.

Unzuverlässiger Erzähler

Der Erzähler ist sich dabei im Klaren darüber, dass ihn seine Erinnerung trügen kann (vgl. solche Aussagen wie: „[...] ich weiß nicht mehr, ob ich das damals schon gesehen habe", 1. Kap., S. 17, Z. 14 f., oder: „wenn mich nicht alles täuscht", 3. Kap., S. 33, Z. 26 f.). Er gibt sich als unzuverlässiger Erzähler zu erkennen, wenn er etwa formuliert: „Ich weiß nicht mehr genau, was dann passierte. Komisch, wie gerade die Dinge, die wichtig geworden sind, in unserer Erinnerung verblassen." (3. Kap., S. 39, Z. 27 ff.) Mitunter richtet der Erzähler sein Wort gleichsam an den Leser. Wenn er z. B. schreibt: „Ich hoffe, jedem ist klar, was es heißt, ein solches Angebot zu bekommen" (2. Kap., S. 26, Z. 20 f.), so steckt in dem Indefinitpronomen „jeder" die Anrede an das imaginierte Publikum. Johann hat es nicht geschafft, eine emotionale Distanz zu dem Geschehen bzw. zu seinem „Zwillingsfreund" zu entwickeln. Seine „Darstellung zeugt davon, dass es ihm offensichtlich zeitlebens, selbst als Erwachsener, nie gelungen ist, sich von Ludwig zu [...] emanzipieren".[9] Deshalb kann er es auch nicht ertragen, dass Vera den schwerwiegenden Verdacht des geplanten erweiterten Selbstmordes äußert, und trennt sich von ihr, vielleicht auch deshalb, weil ihn – folgt man Veras Gedankengang – eine Art Mitschuld treffen würde, da er Ludwig nicht über sein Verhältnis informiert und deshalb das „Zwillingsgelübde" gebrochen hat.

---

9 Pfäfflin, Sabine: *Auswahlkriterien für Gegenwartsliteratur im Deutschunterricht*, S. 69

Untersucht man die Erzählweise bzw. den Erzähler eines Prosatextes, lassen sich verschiedene Kriterien unterscheiden und in Bezug auf Kurbjuweits Novelle folgendermaßen bestimmen:

→ **Erzählform:** Ich-Form
→ **Erzählverhalten:** auktorial (als erinnerndes Ich ordnet – selektiv und nicht immer chronologisch – der auktoriale Erzähler Jahre nach den Ereignissen die Geschichte, steht also außerhalb des Geschehens, in dem er als „erinnertes" Ich auftritt) und personal (erzählendes/erinnerndes und erlebendes/erinnertes Ich fallen zusammen; Johann will genau das wiedergeben, was damals geschehen ist, ohne es zu kommentieren und zu bewerten, ganz aus der Perspektive der damaligen Zeit); scheinbar neutrale Erzählpassagen liegen dann vor, wenn Dialoge rekapituliert werden (allerdings so, wie sich der Erzähler daran erinnert);
→ **Perspektive:** von innen (Innensicht: Gefühle und Gedanken des Erzählers) und von außen (Außensicht: wie der Erzähler die Personen um sich erlebt, Darstellung der äußeren Ereignisse); insgesamt sehr subjektive Darstellung des Geschehens;
→ **Standort:** Erzähler berichtet erst nach Jahren von den Geschehnissen, er könnte eigentlich durch den Abstand einen großen Überblick haben, wirkt aber aufgrund der intensiven emotionalen Beteiligung recht distanzlos und mitunter naiv, er durchschaut nicht alle Zusammenhänge;
→ **Erzählhaltung:** gewisse Unsicherheit beim Erzähler bezüglich dessen, woran er sich erinnert; verteidigt insbesondere das Tun Ludwigs, rechtfertigt ihn und ihre außergewöhnliche Freundschaft;
→ **Darbietungsformen:** es überwiegt der Erzählerbericht, manchmal kommentiert der Erzähler die Vorgänge (z. B. 4. Kap., S. 63,

Z. 28 ff.), nicht selten werden Dialoge als direkte Rede wiedergegeben (allerdings ohne dass dies durch Anführungszeichen markiert wird), auch indirekte Rede (z. B. 1. Kap., S. 6, Z. 21 ff.) und innerer Monolog (z. B. 1. Kap., S. 5, Z. 10 f.; 4. Kap., S. 61, Z. 33 f.) werden verwendet.

Die sprachliche Gestaltung

Einfacher Stil des Mündlichen und Umgangssprachlichen

Dirk Kurbjuweits Novelle ist insgesamt leicht verständlich geschrieben. Der Erzähler nähert sich mitunter dem Stil des Mündlichen und des Umgangssprachlichen. Bei der Wiedergabe von Dialogen werden die Anführungszeichen weggelassen, auch auf Fragezeichen wird verzichtet; in der Redeeinleitung variiert der Erzähler oft nicht, sondern verwendet lediglich die Verben „sagen“ und „fragen“, was die Einfachheit der Sprache verdeutlicht (vgl. z. B. 4. Kap., S. 60, Z. 21 ff.):

> „Warum ist euer Vater nie bei einem Rennen von uns, fragte ich, weil es so still war. Vielleicht hat er Angst, sagte Vera […]. Angst wovor, fragte ich. Dass ihr verliert, sagte Vera. Aber warum muss er davor Angst haben, fragte ich. Vielleicht hat er selbst zu oft verloren, sagte sie. Hat er, fragte ich. Weiß nicht, sagte sie […]“

Exemplarisch sollen Auszüge des ersten Kapitels näher hinsichtlich der sprachlichen Gestaltung und ihrer Funktion untersucht werden:

→ **einfache Syntax, Wechsel von Parataxen und wenig komplizierten Hypotaxen:** Erzählen aus der Retrospektive; das Bemühen, sich Rechenschaft abzulegen, sich in verständlicher Sprache Klarheit zu verschaffen, wird deutlich (z. T. kindliche Perspektive; vgl. S. 5, Z. 1–3);

- → **Ellipsen** (z. B.: „Pfeifen, Rauschen“, S. 8, Z. 22):
  Schilderung der Situation, Veranschaulichung, eindringliche Beschreibung des Gehörten;
- → **Wiederholungen** („dann … dann“, S. 5, Z. 8; „Vielleicht … vielleicht“, S. 5, Z. 12):
  einfaches, fast kindliches Sprechen; einprägsames Wiedergeben der Impressionen;
- → **Aneinanderreihungen** (z. T. asyndetisch, z. T. polysyndetisch, z. B.: „… ein dunkles Pfeifen, ein kräftiges Rauschen, darunter das Dröhnen“, S. 5, Z. 14 f.; „… ich sah sie stolpern und fallen und fallen …“, S. 18, Z. 3 f.):
  anschauliches Schildern der Situation (Geräusche von draußen), intensives Nachempfinden des Falls der jungen Frau, Verdeutlichung der Dauer des Sturzes;
- → **Anaphern** (z. B.: „Ich dachte sofort … Ich sah … Ich sah … Ich hörte nichts … Ich sah … Ich schaute … Ich sah … ich sah … ich sah …“, S. 17, Z. 32 ff.):
  Ausdruck der Erregung über das unerhörte Geschehen, gewisse Atemlosigkeit, Erstaunen und Verunsicherung; unterstrichen durch die Wiederholungen und die einfache Wortwahl;
- → **Verwendung relativierender Wörter** wie „ein bisschen“ (vgl. z. B. S. 13, Z. 14 f.: „Ich war auch ein bisschen enttäuscht, dass Ludwig jetzt schlief.“):
  Bemühen, das Verhalten des Freundes zu rechtfertigen, die eigene Enttäuschung abzuschwächen;
- → **Metapher** („In der Nacht, als das Mädchen vom Himmel fiel …“, S. 5. Z. 1):
  Wecken der Neugier beim Leser, Erzeugung von Spannung durch die ungewöhnliche Wendung; erst später wird das Bild aufgelöst: ein Mädchen hat sich von der Brücke gestürzt

und ist umgekommen (gleichzeitig ein Euphemismus, eine beschönigende Umschreibung des Selbstmordes)

→ **Vergleich** („wie ein Riese, der Nachtwache hält", S. 17, Z. 36 f.): Verdeutlichung der Größe der Brücke, auch des Bedrohlichen;

→ **verkürzter Vergleich/Metapher** („Der Mond war eine fette Sichel", S. 17, Z. 39 f.):
Veranschaulichung der gruselig-schaurigen Atmosphäre.

3.7 Interpretationsansätze

ZUSAMMENFASSUNG

Die Deutungen beziehen sich zum einen auf die Umstände des Unfalls, deren Erhellung zum tieferen Verständnis Ludwigs beitragen kann. Er hat möglicherweise aus Enttäuschung, vielleicht sogar aus enttäuschter Liebe seinen und Johanns Tod geplant. Darüber hinaus muss man feststellen, dass sich Johanns Identität nur unzureichend entwickelt hat. Seine starke emotionale Abhängigkeit von Ludwig währt weit über den Tod hinaus; er kann sich nicht emanzipieren, was sowohl im beruflichen wie im privaten Bereich Folgen hat (seinen ursprünglichen Vorstellungen nicht entsprechender Beruf, mangelnde Bindungsfähigkeit).

Bei der Analyse von Inhalt, Personen, Erzählweise, Motivik und Symbolik wird immer auch interpretiert. Insbesondere die Figur des Ludwig fordert zu einer weitergehenden Deutung auf, wobei die Untersuchung der Gründe für den selbst verschuldeten Unfall besonders aufschlussreich ist.

Gründe für den möglicherweise selbst verschuldeten Unfall

Veras Verdacht, dass Unfall selbst verschuldet ist

In Kurbjuweits Novelle legen etliche Textstellen nahe, dass Ludwig den Unfall selbst verschuldet hat und somit sich und Johann töten wollte (erweiterter Suizid). Den Verdacht äußert Vera erst anderthalb Jahre nach dem Geschehen (vgl. 6. Kap.). Anlass ist, dass im Fernsehen über einen Unfall berichtet wird und Johann sich an den Satz Ludwigs erinnert, das Leben könne von einem funktionierenden Bremshebel abhängen. Als das Vera hört, wird sie misstrauisch, fragt nach und stellt dann, im Grunde keinen Widerspruch duldend, fest: „Er hat es mit Absicht gemacht" (6. Kap., S. 71, Z. 9). Als mögliche Gründe gibt sie an, dass ihr Bruder die zwei Freunde dadurch „für immer zusammenschweißen" und sich auch „rächen" wollte (6. Kap., S. 71, Z. 12 f.). Sie spricht damit an, dass sich Ludwig verraten fühlen konnte, weil ihm Vera und Johann nicht von ihrer Liebe erzählt haben.

Johanns Zurückweisung jeglicher Schuld Ludwigs

Dieser Umstand widerspricht dem „Zwillingsgelübde" und den Beteuerungen der zwei Jungen, immer alles gemeinsam zu tun. Johann weist diese Vermutung weit von sich, ihm ist diese Möglichkeit offenbar nie in den Sinn gekommen, obwohl der Zusammenstoß mit dem LKW kaum erklärt werden kann, denn die Straße war frei, die Sicht nicht beeinträchtigt, Wetter- und Straßenverhältnisse waren gut. Johann hatte den vorfahrtsberechtigten Laster bemerkt und ist davon ausgegangen, dass Ludwig selbstverständlich hält. Warum er das nicht tat, bleibt für ihn unklar; die von ihm angeführten Gründe (Ablenkung, Fehleinschätzung der Entfernung, mangelnde Erfahrung) können kaum überzeugen und sind eher ein Hinweis darauf, dass Johann die Wahrheit nicht ertragen kann (vgl. 5. Kap., S. 70).

Immerhin schließt er in anderem Zusammenhang einen Selbstmord Ludwigs nicht aus (nach dem verlorenen Rennen im Landesentscheid, vgl. Kap. 4, S. 64, Z. 34 ff.), ja er traut ihm sogar einen Mord an Vera zu. Als die beiden Freunde einen Leichnam unter der Brücke finden, gibt der Ich-Erzähler seine Gedanken wieder: „Ich blieb stehen. Vera, dachte ich. Es war eindeutig ein menschlicher Körper, aber er regte sich nicht. Ludwig, sagte ich, was ist das, wer liegt da? Fast hätte ich gefragt, was hast du getan, aber sofort fiel mir ein, dass er so etwas nicht tun würde." (4. Kap., S. 51, Z. 22 ff.) Und Ludwig zeigt immer wieder, dass er den Tod weder fürchtet noch scheut (und dabei andere in Gefahr bringt), zu aggressivem Verhalten neigt und zu außergewöhnlichen Handlungen in der

Lage ist (vgl. z. B. die Mutproben auf der Brücke, die Prügelei mit Josefines Brüdern, mit Vera und Johann, das „Geheimnis" um die Leiche des Bauern).

Der Ich-Erzähler erwähnt an einer Stelle, dass der Selbstmord der größte Beweis der Liebe ist (vgl. 4. Kap., S. 65, Z. 16 ff.). In diesem Zusammenhang stellt sich die Frage, ob Ludwig homosexuell ist und sich auch erotisch zu Johann hingezogen fühlt. Laut Aussage von Dirk Kurbjuweit spielte es für ihn beim Schreiben keine Rolle, „ob Ludwig schwul ist oder nicht".[10] Einige Textstellen legen es nahe, dass Ludwig gleichgeschlechtlich veranlagt ist, was im Übrigen auch insofern nicht ungewöhnlich wäre, als ca. 17 % aller Deutschen bis 25 Jahre sich gelegentlich und etwa 3 % sich ausschließlich homosexuell verhalten.[11]

Thematik der Homosexualität

Diese Thematik wird in der Novelle direkt angesprochen, da Vera sich offensichtlich zu ihrer Freundin Flavia auch körperlich hingezogen fühlt (vgl. 4. Kap., S. 47, Z. 14 ff.). Ludwigs Versuch, seine ersten sexuellen Erfahrungen mit Josefine zu machen, misslingen (vgl. 2. Kap., S. 23, Z. 34 ff.); der Ich-Erzähler stellt auch fest, dass sein Freund nach diesem Erlebnis „nie ein größeres Interesse" an dem Thema „Mädchen" gezeigt habe (2. Kap., S. 28, Z. 22 ff.). Obwohl die beiden sehr viel Zeit miteinander verbringen, kommt es zu keiner sexuell motivierten Annäherung, auch die Umarmungen glücken meistens nicht; das liegt möglicherweise aber daran, dass auch für Ludwig klar sein muss, dass Johann heterosexuell veranlagt ist (Episode mit Josefine, Liebe zu Vera, die Ludwig nicht verborgen bleiben dürfte).

---

10 Brief an die Schüler einer 10. Klasse. Im Internet: http://ngbuesum.de/wikka/wikka.php?wakka=AntwortKurbjuweit (Stand: April 2013)

11 Vgl. Bundeszentrale für gesundheitliche Aufklärung (Hg.): *Heterosexuell? Homosexuell? Sexuelle Orientierung und Coming-out … verstehen, akzeptieren, leben*. Köln: erweiterte Neuauflage 2004, S. 14

Festzuhalten bleibt, dass der Ich-Erzähler in seinem sehr subjektiven Bericht die Möglichkeit, Ludwig sei homosexuell, nie in Betracht zieht. Geht man von der These des Selbstmordes bzw. des versuchten Mordes aus, ist die sexuelle Orientierung Ludwigs für das Benennen eines Motivs auch zweitrangig. Entscheidend ist wohl, dass Ludwig erkennen muss, dass sich seine Idee einer engen, absoluten Freundschaft nicht verwirklichen lässt (äußerlich zeigt sich das im knapp verlorenen Rennen gegen die Zwillinge; viel gravierender ist Johanns verheimlichte Liebe zu Vera). Diese Situation in Verbindung mit einer gewissen Todessehnsucht und eines mangelnden familiären Zusammenhalts („[...] man sprach wenig in dieser Familie“, 3. Kap., S. 37, Z. 35 f.) ist geeignet, Ludwig in Verzweiflung zu stürzen, sodass er imstande scheint, die ungeheuerliche Tat zu begehen.

Das Scheitern der beiden Freunde

Schwierige Phase der Adoleszenz

In der Novelle wird die schwierige Phase der Adoleszenz thematisiert, in der die Jugendlichen auf der Suche nach Sinn und Identität sind. Zu den Problemen, die sich ergeben, gehören der Versuch, sich von den Familien zu lösen und ein eigenes Wertesystem aufzubauen, sowie die ersten sexuellen Erfahrungen mit heterosexuellen und gleichgeschlechtlichen Personen. Darüber hinaus werden eigenständige Sozialkontakte in der Peergroup (Gruppe etwa gleichaltriger Jugendlicher) aufgebaut und oft eine neue soziale Rolle übernommen.[12] In der Geschichte *Zweier ohne* scheitern im Grunde beide Protagonisten an den Aufgaben, die sich ihnen stellen. Durch die ausschließliche Fixierung auf Johann überfordert Ludwig seinen Freund und engt die Sozialkontakte zu stark ein. Die Familie

Ludwig ist auf Johann fixiert

12 Vgl. dazu Kaulen, Heinrich: „Von Törleß zu Trainspotting. Über Adoleszenzromane zwischen Moderne und Postmoderne“. In: Extra, Beilage der Wiener Zeitung, 02. 04. 2009

kann ihm beim Ablöseprozess keine Hilfe bieten (ebenso wenig wie die Schule), sein Liebeserlebnis mit Josefine, das er fortan tabuisiert, ist offensichtlich frustrierend gewesen. Seine möglicherweise homosexuelle Neigung kann er bei Johann nicht ausprobieren und ausleben. Für ihn endet die Identitätssuche mit der größtmöglichen Katastrophe.

Johann hinterfragt Ludwigs Dominanz nicht

Aber auch Johann scheitert: Er genießt die Freundschaft zu Ludwig, die ihm Sicherheit gibt und ihn von seinen Selbstzweifeln befreit, doch hinterfragt er nicht die Dominanz seines „Zwillingsbruders“, beugt sich seinen Forderungen, z. B. den Kontakt zu Josefine und Marco abzubrechen; als er seinen eigenen Weg geht und sich in Vera verliebt, zögert er, Ludwig zu informieren, was dieser als Treuebruch auffassen muss. Nach dem Tod Ludwigs stockt seine Entwicklung: Weder kann er beruflich seine Träume verwirklichen, noch gelingt es ihm, die Beziehung zu Vera oder zu anderen Menschen aufrechtzuerhalten (geplagt vielleicht auch von nicht eingestandenen Selbstvorwürfen).

Friedrich Schillers Ballade *Die Bürgschaft* und ihre Bedeutung für die Novelle

F. Schillers (1759–1805) Ballade *Die Bürgschaft* (erstmals veröffentlicht 1799) wird in Kurbjuweits Novelle gleich im 1. Kapitel erwähnt.[13] Johanns Klasse behandelt gerade dieses Werk, als Ludwig vom Rektor seinen neuen Kameraden vorgestellt wird (vgl. S. 6, Z. 29 f.). Dieser Hinweis auf den Unterrichtsstoff ist sicherlich bedeutsam, denn ein zentrales Motiv der Erzählung wird in dem Gedicht thematisiert, nämlich die Idee bzw. die Utopie der idealen Freundschaft.

Zentrales Motiv der Ballade: die ideale Freundschaft

---

13 Vollständiger Abdruck des Gedichts im Materialienteil auf S. 102 ff.

Zum Inhalt der Ballade:
Möros (oder Moerus; in einer anderen Version: Damon) will den Tyrannen Dionys erdolchen, doch sein Attentatsversuch scheitert. Er wird zum Tode am Kreuz verurteilt. Allerdings bittet er darum, vorher noch die Vermählung seiner Schwester in die Wege leiten zu können. Der Gewaltherrscher gesteht dies zu, fordert aber den Freund Möros' als Bürgen: der würde für Möros hingerichtet werden, falls dieser in drei Tagen nicht zurückkomme. Der listige und hinterhältige Despot rechnet nicht damit, dass diese Abmachung eingehalten wird, dass Liebe und Treue das Tun bestimmen und nicht der Selbsterhaltungstrieb. Möros' Freund ist sofort und ganz selbstverständlich mit dem Plan einverstanden. Und nachdem der zum Tode Verurteilte seine Aufgabe erfolgreich durchgeführt hat und die Heirat seiner Schwester vollzogen ist, macht er sich auf den Rückweg. Die Zeit wird immer knapper, da er außergewöhnliche Abenteuer bestehen muss (Unwetter und die Folgen, Raubüberfall, unerträgliche Hitze). Er übersteht all diese Herausforderungen, doch scheint er zu spät nach Syrakus zu kommen; ein Bediensteter will ihn davon abhalten, sich zum Tyrannen zu begeben, da der Freund nicht mehr zu retten sei. Möros aber betrachtet es als seine Pflicht zurückzukehren. Als er auf dem Richtplatz erscheint, soll der Freund gerade hingerichtet werden. Er fordert dessen Freilassung; das sensationslüsterne Volk ist erstaunt und der König zeigt sich gerührt: Er schenkt beiden das Leben und bittet darum, in ihren Freundschaftsbund aufgenommen zu werden.

Bedingungslose Freundschaft

Die Ballade schildert die bedingungslose Freundschaft zweier Menschen, die sich absolut aufeinander verlassen können. Möros' Freund ist ohne jeglichen Vorbehalt damit einverstanden, mit seinem Leben zu bürgen. Und Möros selbst lässt keinen Zweifel, dass er zurückkehren wird (selbst wenn es zu spät wäre) und keinesfalls sein Leben retten möchte. Das Pflichtbewusstsein und der Wille der beiden Freunde stehen in keinem Widerspruch: Sie müssen so handeln, wie sie handeln, weil sie es wollen. Schiller veranschaulicht so seine Idee von der „schönen Seele", in der Pflicht und Neigung vollkommen übereinstimmen. Das freie und vernünftige Handeln der beiden beeindruckt den Tyrannen so, dass er menschlich (human) handelt, durch das Vorbild folglich zu einem besseren Menschen und Herrscher wird.

Das Thema der bedingungslosen Freundschaft wird in der Novelle also schon angeschlagen, als Johann und Ludwig sich zum ersten Mal begegnen. Diese Freundschaft – insbesondere nach dem „Zwillingsgelübde" – erscheint ähnlich unverbrüchlich wie die zwischen Möros und seinem Vertrauten. Und tatsächlich „bürgt" Johann auch für Ludwig, insbesondere als er die Strafe für das Fahren ohne Führerschein auf sich nimmt. Er steht auch für den Freund ein, als dieser durch die Disziplinlosigkeit die Teilnahme an dem Landesentscheid gefährdet: Johann nimmt in gleichem Maße an Gewicht ab, wie Ludwig zunimmt. Doch hat die Beziehung der beiden (und damit die Novelle) kein Happy End. Dies liegt daran, dass sich die Freundschaft der beiden nicht symmetrisch, gleichberechtigt entwickelt, sondern Ludwig der Dominante ist; er lenkt Johann und manipuliert ihn letztendlich, ohne dass dieser das wahrhaben will. Die Idee der absoluten Gemeinsamkeit, des unbedingten Miteinanders lässt sich nicht verwirklichen – anders als in Schillers Ballade. Die Utopie ist nicht erreichbar (in der Ballade ist bezeichnenderweise von einer „Wundermähr", V. 131, die Rede), der Absolutheitsanspruch der Freundschaft unrealistisch; möglicherweise hat Ludwig diese Einsicht in das Scheitern nicht verkraftet.

4. REZEPTIONSGESCHICHTE

ZUSAMMEN-FASSUNG

Zweier ohne wurde meist sehr gut von der Literaturkritik aufgenommen, die Erzählkunst Kurbjuweits gerühmt. Dass die Geschichte 2008 verfilmt worden ist, dokumentiert eindrücklich das große Interesse an dieser „Geschichte einer bedingungslosen Freundschaft".

Novelle

Kurbjuweits Novelle gilt als „kleines Meisterwerk".[14] Dies liegt zum einen an der spannenden Art und Weise, wie eine ungewöhnliche Freundschaft zwischen zwei Jugendlichen auf der Suche nach ihrer Identität geschildert wird. Der Leser wird aufgefordert, die Leerstellen zu füllen, die sich ergeben, weil die Geschichte ganz aus Sicht Johanns erzählt wird. In fast kriminalistischer Manier muss man dem oft rätselhaften Denken und Handeln der Hauptfiguren nachspüren.

Identifizierung mit den Protagonisten

Doch kann sich der Leser auch – zumindest teilweise – mit den Protagonisten identifizieren. „Dies ist eine Jugendgeschichte, und das ist meine Jugendgeschichte, und endlich wird sie mir jemand erzählen. Alles, was in der Jugend einzigartig ist, neu und überwältigend, gleichermaßen beglückend wie schmerzhaft, immer aber intensiv und lebensentscheidend – die Sprache Dirk Kurbjuweits umfängt dies", schreibt etwa Jochen Jung im „Tagesspiegel".[15] Und

---

14 Habermann, Kristina: „Ein Zwillingsgelübde bis über alle Grenzen. Dirk Kurbjuweits Novelle *Zweier ohne*". In: literaturkritik.de, Nr. 6, Juni 2003. Im Internet: http://www.literaturkritik.de/public/rezension.php?rez_id=6046 (Stand: April 2013). Die vollständige Rezension findet sich im Materialienteil auf S. 107 ff.

15 Jung, Jochen: „Auf die Erde gefallen". In: Der Tagesspiegel, 10. 02. 2002, S. 32. Im Internet: http://www.tagesspiegel.de/kultur/auf-die-erde-gefallen/289680.html (Stand: April 2013)

geradezu hymnisch fährt er fort: „In der derzeitigen Literaturwelt lässt sich jedenfalls kaum etwas Verwandtes finden, das Lebensklugheit, Neugier und Herzlichkeit derart mit Schonungslosigkeit verknüpfen kann, Illusionsbedürfnis mit Illusionslosigkeit."[16]

Feingefühl beim Thema Sexualität

Kurbjuweit, so wird immer wieder betont, findet den richtigen Ton, auch wenn es um Erotik und Sexualität geht: „Schon lange ist erwachende Sexualität in der deutschsprachigen Literatur nicht mehr mit solch feinfühliger Vertrautheit und Intensität in Szene gesetzt worden", formuliert Ute Stempel in der „Neuen Zürcher Zeitung".[17] Die Rezensentin lobt die „sprachliche Kunstfertigkeit" Kurbjuweits, die „geradlinige Diktion" des Erzählers und das „kunstvolle Verweissystem" der die Novelle durchziehenden Symbole und Motive.[18] Kristina Habermann resümiert:

> „*Zweier ohne* ist mit der leichten, häufig aus dem Alltag stammenden Sprache und der Thematik einer Jugendfreundschaft eine Geschichte sowohl für Erwachsene als auch für Jugendliche. Kurbjuweit gewährt tiefen Einblick in die Psyche der beiden Protagonisten. Er charakterisiert die Zeit des Erwachsenwerdens in ihrer schwierigsten Phase."[19]

Geschichte für Erwachsene und Jugendliche

Und Jochen Jung stellt fest, dass in Dirk Kurbjuweit „Deutschland einen Erzähler allerersten Ranges"[20] besitzt.

---

16 Ebd.

17 Stempel, Ute: „Bodenlose Gemeinsamkeit. *Zweier ohne* – Dirk Kurbjuweits meisterhafte Novelle". In: Neue Zürcher Zeitung, 06. 12. 2001, S. 68

18 Ebd.

19 Habermann, Kristina: „Ein Zwillingsgelübde bis über alle Grenzen. Dirk Kurbjuweits Novelle *Zweier ohne*". In: literaturkritik.de, Nr. 6, Juni 2003. Im Internet: http://www.literaturkritik.de/public/rezension.php?rez_id=6046 (Stand: April 2013).

20 Jung, Jochen: „Auf die Erde gefallen". In: Der Tagesspiegel, 10. 02. 2002, S. 32. Im Internet: http://www.tagesspiegel.de/kultur/auf-die-erde-gefallen/289680.html (Stand: April 2013)

Verfilmung

Die Novelle kam 2008 unter dem Titel *Zweier ohne. Die Geschichte einer bedingungslosen Freundschaft* in die Kinos (Buch und Regie: Jobst Christian Oetzmann), die Hauptrollen in dem 93 Minuten langen Film spielen Tino Mewes und Jacob Matschenz. Eine Literaturverfilmung ist als eigenständiges Kunstwerk zu betrachten und deshalb nach eigenen Kriterien zu untersuchen (u. a. Inhalt und Handlung des Films, Figuren, Ausstattung, Ton, Bildgestaltung, Kameraführung). Trotzdem ist es sicherlich aufschlussreich, Textvorlage und Film miteinander zu vergleichen. Insgesamt bleibt der Film durchaus nahe an Kurbjuweits Novelle, doch gibt es auch ästhetisch und technisch zu begründende Abweichungen. Auf einige wenige soll hier hingewiesen werden:

Film bleibt nah an der Buchvorlage

So konzentriert sich die Geschichte auf die Monate vor dem Landesentscheid und dem Tod Ludwigs; die Gemeinsamkeiten der beiden siebzehnjährigen Protagonisten wird dadurch unterstrichen, dass sie sich gleich kleiden und sich eine Glatze schneiden lassen; aus der Autobahnbrücke in der Novelle wird eine aufwendig in den Film montierte Bauruine (eine Autobahnbrücke kann nicht für Filmaufnahmen gesperrt werden), die Liebesnächte verbringen Vera und Johann nicht vorwiegend im Freien, sondern in einem Wohnwagen. Die Mutter Ludwigs, die in der Novelle kaum erwähnt wird, hat im Film Selbstmord verübt; Ludwigs Nähe zum Tod wird somit zusätzlich motiviert.[21]

Konzentrierung auf die Monate vor Ludwigs Tod

Der Film wurde unterschiedlich bewertet. Jens Hinrichsen stellt zwar fest, dass z. B. die Hauptdarsteller überzeugen, die Bildgestaltung gefällt und die Schauplätze gut gewählt sind; auch seien einige Passagen (wie die Mutprobe) spannend in Szene gesetzt, doch kommt er zu dem Schluss: „Der Inszenierung fehlt es an Kühnheit,

Unterschiedliche Bewertungen

---

21 Vgl. dazu: Will, Klaus: *Verfilmung*. In Kurbjuweit, Dirk: *Zweier ohne*, S. 86–90

Johann (Tino Mewes) und Ludwig (Jacob Matschenz) beim Rudern im Film *Zweier ohne* (2008)

die stürmende und drängende Innenwelt der Protagonisten mit angemessenen filmischen Mitteln zu stützen."[22] Unter anderem kritisiert er das „Outfit" der Helden, die zu „Skinheads" mutieren. Auch die Umsetzung der Liebesszenen hält er für wenig gelungen.

Zu einem gänzlich anderen Ergebnis kommt Claudia Nitsche, die feststellt, dass dem Regisseur ein gutes Coming-Of-Age-Drama gelungen ist und er dabei „drastische, perfekte Bilder" findet. Insbesondere das eindringliche Spiel der beiden Hauptdarsteller wird

22 Hinrichsen, Jens: „Zweier ohne". Im Internet: http://www.filmzentrale.com/rezis2/zweierohnejh.htm (Stand: April 2013)

gelobt, aber auch die „imposante Kulisse“, eine im Bau befindliche Brücke: „Die Art, wie der Drehbuchautor und Regisseur dieses Bauwerk in seine Geschichte einfügt, zeigt sein Fingerspitzengefühl. Er geht seine Themen mit hohem Anspruch an. Künstlerische wie inhaltliche Elemente verbindet der 47-Jährige auf beeindruckende Weise“.[23]

Marie Anderson ist von der Verfilmung der Novelle begeistert. Sie schreibt:

> „Vom vielschichtigen Titel über die stimmige, dramatische Geschichte bis hin zu den hervorragenden Akteuren und der spannenden Inszenierung ist *Zweier ohne* ein gelungener Jugend-Film, der mit starken Bildern die schwierigen Aspekte des Heranwachsens anhand einer extremen Jungenfreundschaft aufzeigt […]. Tino Mewes […] und Jacob Matschenz […] verkörpern das Gespann genauso fabelhaft in euphorischer Einigkeit wie in zwistiger Konfrontation – eine Leistung, die in hohem Maße die Qualität des Films ausmacht.“[24]

---

23 Nitsche, Claudia: „*Zweier ohne*. Gleich ticken bis zur Explosion“. Im Internet: http://www.monstersandcritics.de/artikel/200841/article_106387.php/Film-Kritik-Zweier-ohne (Stand: April 2013)

24 Anderson, Marie: „*Zweier ohne*. Ein Team ohne Steuermann“. Im Internet: http://www.kino-zeit.de/ filme/zweier-ohne (Stand: April 2013). Die vollständige Rezension findet sich im Materialienteil auf Seite 116 ff.

5. MATERIALIEN

Schillers Ballade

Schillers Ballade *Die Bürgschaft*, die Johann in der Schule durchnimmt, als Ludwig neu in die Klasse kommt, handelt von der idealen Freundschaft zweier Männer, die sich vollkommen aufeinander verlassen können und die absolut gleichberechtigt erscheinen. Diese Utopie können die beiden Jungen nicht verwirklichen.

Friedrich von Schiller: *Die Bürgschaft*

Zu Dionys, dem Tyrannen, schlich
Möros, den Dolch im Gewande:
Ihn schlugen die Häscher in Bande.
Was wolltest du mit dem Dolche? sprich!
Entgegnet ihm finster der Wütherich.
»Die Stadt vom Tyrannen befreien!«
Das sollst du am Kreutze bereuen.

Ich bin, spricht jener, zu sterben bereit,
Und bitte nicht um mein Leben,
Doch willst du Gnade mir geben,
Ich flehe dich um drey Tage Zeit,
Bis ich die Schwester dem Gatten gefreit,
Ich lasse den Freund dir als Bürgen,
Ihn magst du, entrinn' ich, erwürgen.

Da lächelt der König mit arger List,
Und spricht nach kurzem Bedenken:
Drey Tage will ich dir schenken.

Doch wisse! Wenn sie verstrichen die Frist,
Eh du zurück mir gegeben bist,
So muß er statt deiner erblassen,
Doch dir ist die Strafe erlassen.

Und er kommt zum Freunde: »der König gebeut,
Daß ich am Kreutz mit dem Leben
Bezahle das frevelnde Streben,
Doch will er mir gönnen drey Tage Zeit,
Bis ich die Schwester dem Gatten gefreit,
So bleib du dem König zum Pfande,
Bis ich komme, zu lösen die Bande.«

Und schweigend umarmt ihn der treue Freund,
Und liefert sich aus dem Tyrannen,
Der andere ziehet von dannen.
Und ehe das dritte Morgenroth scheint,
Hat er schnell mit dem Gatten die Schwester vereint,
Eilt heim mit sorgender Seele,
Damit er die Frist nicht verfehle.

Da gießt unendlicher Regen herab,
Von den Bergen stürzen die Quellen,
Und die Bäche, die Ströme schwellen.
Und er kommt an's Ufer mit wanderndem Stab,
Da reisset die Brücke der Strudel hinab,
Und donnernd sprengen die Wogen
Dem Gewölbes krachenden Bogen.

Und trostlos irrt er an Ufers Rand,
Wie weit er auch spähet und blicket

Und die Stimme, die rufende, schicket;
Da stößet kein Nachen vom sichern Strand,
Der ihn setze an das gewünschte Land,
Kein Schiffer lenket die Fähre,
Und der wilde Strom wird zum Meere.

Da sinkt er ans Ufer und weint und fleht,
Die Hände zum Zeus erhoben:
O hemme des Stromes Toben!
Es eilen die Stunden, im Mittag steht
Die Sonne und wenn sie niedergeht,
Und ich kann die Stadt nicht erreichen,
So muß der Freund mir erbleichen.

Doch wachsend erneut sich des Stromes Wuth,
Und Welle auf Welle zerrinnet,
Und Stunde an Stunde ertrinnet,
Da treibt ihn die Angst, da faßt er sich Muth
Und wirft sich hinein in die brausende Flut,
Und theilt mit gewaltigen Armen
Den Strom, und ein Gott hat Erbarmen.

Und gewinnt das Ufer und eilet fort,
Und danket dem rettenden Gotte,
Da stürzet die raubende Rotte
Hervor aus des Waldes nächtlichem Ort,
Den Pfad ihm sperrend, und schnaubet Mord
Und hemmet des Wanderers Eile
Mit drohend geschwungener Keule.

Was wollt ihr? ruft er vor Schrecken bleich,
Ich habe nichts als mein Leben,
Das muß ich dem Könige geben!
Und entreißt die Keule dem nächsten gleich:
Um des Freundes Willen erbarmet euch!
Und drey, mit gewaltigen Streichen,
Erlegt er, die andern entweichen.

Und die Sonne versendet glühenden Brand
Und von der unendlichen Mühe
Ermattet sinken die Knie:
O hast du mich gnädig aus Räubershand,
Aus dem Strom mich gerettet ans heilige Land,
Und soll hier verschmachtend verderben,
Und der Freund mir, der liebende, sterben!

Und horch! da sprudelt es silberhell
Ganz nahe, wie rieselndes Rauschen,
Und stille hält er zu lauschen,
Und sieh, aus dem Felsen, geschwätzig, schnell,
Springt murmelnd hervor ein lebendiger Quell,
Und freudig bückt er sich nieder,
Und erfrischet die brennenden Glieder.

Und die Sonne blickt durch der Zweige Grün,
Und mahlt auf den glänzenden Matten
Der Bäume gigantische Schatten,
Und zwey Wanderer sieht er die Straße ziehn,
Will eilenden Laufes vorüber fliehn,
Da hört er die Worte sie sagen:
Jetzt wird er ans Kreutz geschlagen.

Und die Angst beflügelt den eilenden Fuß,
Ihn jagen der Sorge Qualen,
Da schimmern in Abendroths Strahlen
Von ferne die Zinnen von Syrakus,
Und entgegen kommt ihm Philostratus,
Des Hauses redlicher Hüter,
Der erkennet entsetzt den Gebieter:

Zurück! du rettest den Freund nicht mehr,
So rette das eigene Leben!
Den Tod erleidet er eben.
Von Stunde zu Stunde gewartet' er
Mit hoffender Seele der Wiederkehr,
Ihm konnte den muthigen Glauben
Der Hohn des Tyrannen nicht rauben.

Und ist es zu spät, und kann ich ihm nicht
Ein Retter, willkommen erscheinen,
So soll mich der Tod ihm vereinen.
Des rühme der blutge Tyrann sich nicht,
Daß der Freund dem Freunde gebrochen die Pflicht,
Er schlachte der Opfer zweye,
Und glaube an Liebe und Treue.

Und die Sonne geht unter, da steht er am Thor
Und sieht das Kreutz schon erhöhet,
Das die Menge gaffend umstehet,
An dem Seile schon zieht man den Freund empor,
Da zertrennt er gewaltig den dichten Chor:
Mich, Henker!, ruft er, erwürget,
Da bin ich, für den er gebürget!

Und Erstaunen ergreifet das Volk umher,
In den Armen liegen sich beide,
Und weinen für Schmerzen und Freude.
Da sieht man kein Auge thränenleer,
Und zum Könige bringt man die Wundermähr,
Der fühlt ein menschliches Rühren,
Läßt schnell vor den Thron sie führen,

Und blicket sie lange verwundert an,
Drauf spricht er: Es ist euch gelungen,
Ihr habt das Herz mir bezwungen,
Und die Treue, sie ist doch kein leerer Wahn,
So nehmet auch mich zum Genossen an,
Ich sey, gewährt mir die Bitte,
In eurem Bunde der dritte.[25]

Rezension zum Buch

Kristina Habermann: Ein Zwillingsgelübde bis über alle Grenzen. Dirk Kurbjuweits Novelle *Zweier ohne*

„‚Einen Zwilling zu haben, konnte einen von vielem befreien. Ein Zwilling, so verstand Ludwig, ist einer, der einen nie erschüttert, weil das, was er tut und sagt und trägt, immer auch das Eigene ist.' Dieses Gefühl kennt jeder. Man braucht jemanden, mit dem man seine Ängste, Freuden und Sorgen teilen kann. Früher waren es die Eltern, die Großeltern und die Geschwister, auf die sich ein Kind berufen konnte, doch Dirk Kurbjuweits Novelle spielt in den

---

25 Zit. nach: Stenzel, Jürgen: *Über die ästhetische Erziehung eines Tyrannen. Zu Schillers Ballade „Die Bürgschaft"*, S. 169–173, unter Beibehaltung der orthografischen Eigentümlichkeiten

neunziger Jahren, so dass die Eltern alles andere als Bezugspersonen für die Jungen sind. Sie wirken wechselweise peinlich oder bemitleidenswert.

Die Geschichte über die Freundschaft beginnt demnach genau zum richtigen Zeitpunkt, denn es heißt: ‚In der Nacht, als das Mädchen vom Himmel fiel, wurde Ludwig mein Freund.'

Die Geschichte beginnt also gewöhnlich, Ludwig kommt neu in die Klasse von Johann, die beiden freunden sich an und werden Kumpel, die alles miteinander teilen. Solch ein Freundschaftsmodell ist uns vertraut, doch hier verläuft die Beziehung überraschend und erschüttert den Leser durch ein tragisches Ende.

Über das Tal, in dem die beiden Freunde wohnen, spannt sich eine mächtige Autobahnbrücke, von der sich Selbstmörder in den Tod stürzen. Meist landen sie im Garten von Ludwigs Familie. Ein entführtes Mädchen wird schließlich im Wartungsraum der Brücke gefunden, und es heißt, dass ein Bauarbeiter in den frisch gegossenen Zement gefallen und nun in einen Pfeiler einbetoniert sei. Johann und Ludwig verarbeiten all diese Schreckensnachrichten gemeinsam, und durch Ludwig lernt Johann die Angst vor dem Tod besiegen. So ist er beeindruckt, als Ludwig einem toten Mädchen behutsam die Augenlider schließt, einer Selbstmörderin, die, wie so viele vor ihr, mit einem lauten Aufprall im Garten gelandet ist. So, wie sich die Freundschaft der beiden Jungen mehr und mehr vertieft, so erklimmen sie Stück um Stück die Brücke. Gemeinsam bauen sie die Brücke ihrer Freundschaft.

Alles erleben sie zu zweit. So rudern sie im Zweier ohne Steuermann und gewinnen sogar gegen ein echtes Zwillingspaar; sie übernachten beieinander, tauschen ihre Gedanken aus, basteln an einem schicken Motorrad herum und schlafen beide kurz hintereinander mit dem gleichen Mädchen. Sie werden zu Zwillingen, bis Johann sich in Vera, Ludwigs jüngere Schwester, verliebt. Eines

Nachts sieht er sie in der Werkstatt von Ludwigs Vater sitzen. Schon einmal haben sie sich hier getroffen und sich in die Arme genommen. Jetzt streicheln beide den nach Öl stinkenden Kater. Ihre Hände berühren sich. Ihre erste gemeinsame Nacht verbringen sie in der Werkstatt auf einer alten Decke, die sonst das Motorrad bedeckt. Zum ersten Mal teilt Johann sein Erlebnis und seine Gedanken, die um Vera kreisen, Ludwig nicht mit. Auch von den weiteren Treffen, bei denen Johann und Vera im Garten unter der Brücke miteinander schlafen, verrät Johann nichts.

Von diesem Zeitpunkt an ändert sich Ludwigs Verhalten. Er wirkt auf Johann immer mehr in sich gekehrt, achtet nicht mehr darauf, für das Rudern sein Gewicht zu halten, sondern schlingt plötzlich Unmengen in sich hinein. Doch das ist für Johann kein Problem. Als Ausgleich nimmt er weniger Nahrung zu sich, so dass sie bei ihrem Wettkampf im Zweier zugelassen werden. Den Sieg trägt aber dieses Mal das echte Zwillingspaar davon.

Eines Tages besucht Johann wieder einmal Ludwig, der gerade seinem Motorrad den letzten Schönheitsschliff gibt. Der frischgebackene Führerscheinabsolvent lädt Johann zu einer kleinen Spritzfahrt ein. Durch diese Fahrt will er das Zwillingsgelübde bis über alle Grenzen bewahrt wissen. Er plant einen Motorradunfall, der jedoch nur ihm das Leben nimmt.

Zweier ohne ist mit der leichten, häufig aus dem Alltag stammenden Sprache und der Thematik einer Jugendfreundschaft eine Geschichte sowohl für Erwachsene als auch für Jugendliche. Kurbjuweit gewährt tiefen Einblick in die Psyche der beiden Protagonisten. Er charakterisiert die Zeit des Erwachsenwerdens in ihrer schwierigsten Phase. Beide, Johann und Ludwig, sehnen sich nach einem Gegenüber, dem sie vertrauen können, eine Utopie: Vera [...] tritt als eine weitere Vertraute in Johanns Welt, und nur schwer begreift er, dass sich die Beziehung zwischen ihm und Ludwig immer im Ungleichgewicht befand. So hat am Ende Ludwig die dominante Position eingenommen und stellt die Freundschaft auf erschreckende Weise auf die Probe.

Dirk Kurbjuweit fabrizierte mit seiner Novelle ein kleines Meisterwerk, welches zeigt, wie weit eine Freundschaft gehen darf."[26]

Kurbjuweit antwortet auf Fragen von Schülern zu *Zweier ohne*

Zweier ohne in der 10. Klasse am „Nordsee-Gymnasium-Büsum"

„Sehr geehrter Herr Kurbjuweit,
für die Vorbereitung der Mittleren Reife haben wir im Deutschunterricht Ihren Roman *Zweier ohne* intensiv, aber auch sehr gern gelesen. Wir haben, Lehrer wie Schüler, über die einzelnen Szenen immer wieder diskutiert und uns oft gefragt, ob der Autor es so gemeint haben kann, wie der Lehrer oder mancher Schüler es sieht. So kam uns die Idee, Sie selbst zu fragen – auch wenn wir unter anderem gelernt haben, dass Sie mit der Veröffentlichung die Freiheit der Interpretation in die Hände des einzelnen Lesers gelegt haben.

Wir hoffen, dass Sie zwischendurch Zeit finden können, auf unsere Anmerkungen einzugehen, damit wir einen Einblick darüber bekommen, wie Romane entstehen, was der Autor über die verschiedenen Interpretationen denkt und was Autoren für eine Motivation haben, sich für diese Art der Kommunikation mit dem Lesepublikum zu entscheiden. Unser Lehrer hat das Schreiben des Briefes

26 Habermann, Kristina: „Ein Zwillingsgelübde bis über alle Grenzen. Dirk Kurbjuweits Novelle *Zweier ohne*". In: literaturkritik.de, Nr. 6, Juni 2003. Im Internet: http://www.literaturkritik.de/public/rezension.php?rez_id=6046 (Stand: April 2013)

übernommen, die einzelnen Fragen haben wir aber zusammen im Unterricht erarbeitet.

1. Wir verstehen Ihren Roman als eine Warnung gegen eine intensive Freundschaft, die dem Partner keinen Freiraum lässt, so dass am Ende der Tod (Ludwig) und die Bindungsunfähigkeit (Johann) die logische Konsequenz der einseitigen Realisierung der persönlichen Pläne sind. Sehen Sie das auch so? Unsere erste Idee war, dass man eineiige Zwillinge nicht gleich anziehen darf, sie brauchen beide ihre eigene Individualität.

2. Hatten Sie ähnliche Erfahrungen in Ihrer eigenen Biografie? Oder haben Sie in ihrem Umfeld solche Bindungen beobachtet, in denen der eine wegen der ausschließlichen Ansprüche des anderen keinen Sauerstoff zum Leben mehr hatte?

3. Einige Ideen hat unser Lehrer in einer Dr.-Arbeit (von Sabine Pfäfflin) gefunden und mit uns durchdiskutiert. Wir wären bei einzelnen Textstellen nie auf derartige Interpretationen gekommen. Haben Sie bereits als Autor mit Lesern Ihres Romans gesprochen? Sind Sie auch selbst verwundert, wenn Sie von manchen Deutungen und Stellungnahmen erfahren?

4. Die eindeutige Ausführlichkeit der Sexszenen hat uns etwas irritiert. Haben Sie nicht befürchtet, sie könnten der Verbreitung Ihres Werkes im Wege stehen – wenn das Lesepublikum zu jung ist?

5. Zum Text einige Fragen: Wann ist Ihnen der Titel in den Sinn gekommen? Haben Sie vielleicht an Ludwig II., den Bayrischen König, gedacht, als Sie sich für den Vornamen entschieden haben? Einiges spräche dafür: der Turm in Asien (hier: Neuschwanstein), die Homosexualität, die Übertriebenheit im Charakter. Wir halten den Verdacht auf Homosexualität für nicht gerechtfertigt, wir führen vielmehr Ludwigs krankhafte und zerstörerische Freundschaftsvorstellung auf seine verzweifelte Sinnsuche – bewusst oder nicht –

und darauf zurück, dass er von seiner Familie keinen seelischen Halt bekommt. Ludwig trägt Züge eines depressiven Menschen (die Essstörung, die Todessehnsucht).

6. Haben Sie lange recherchiert und an den Einzelepisoden arbeiten müssen, bis sich alles zu einem Ganzen gefügt hat? Oder haben Sie alles in sich so lange getragen, bis die Niederschrift endlich erfolgen konnte?

Wir könnten die Liste der Fragen fortsetzen, wir tun es nicht, weil es nicht auf die Menge ankommt. Es wäre für uns schon eine einmalige Erfahrung, wenn das Lesen Ihres Romans, der anregende Diskussionen über die vielen Themen, die Sie ansprechen, ausgelöst hat, mit Ihrer Antwort seinen erfreulichen Abschluss finden könnte. (Letztes Jahr haben wir mit unserem Deutschlehrer einen Krimi analysiert und anschließend den Schauspieler in der Klasse für ein einstündiges Gespräch empfangen. Es hat für uns dazu beitragen, die Welt des Fernsehens mit anderen Augen zu sehen.)

Mit Ihrem Roman haben Sie uns wertvolle Lesestunden beschert.

Noch eins. Würden Sie es gern sehen, wenn wir diesen Brief mit Ihrer Antwort in unserer Schülerzeitung „Die Krabbe" veröffentlichten?

Wir danken Ihnen und es grüßen Sie herzlich

stellvertretend
(Dr. J. Lefebvre und seine 10a vom NGB)

Lieber Herr Dr. Lefebvre,
liebe Schülerinnen und Schüler der 10a,
vielen Dank für den Brief. Es freut mich sehr, dass ihr meinen Roman gelesen und mir geschrieben habt. Ich hatte ursprünglich nicht

daran gedacht, einen Roman für Jugendliche zu schreiben. Nun sehe ich aber, dass *Zweier ohne* viel in Schulen gelesen wird, und das ist sehr schön für mich, weil es mir etwas bedeutet, dass Jugendliche sich mit Literatur beschäftigen. Meinen Kindern, die 9 und 12 sind, lese ich abends immer noch vor, derzeit *Der Herr der Fliegen* von William Golding.

Gerne beantworte ich eure Fragen. Es ist wahr, dass ich meine eigenen Romane schlecht interpretieren kann. Ein Roman und noch mehr eine Novelle lässt immer Lücken, die der Leser schließen muss. Im Kopf schreibt er mit, schreibt gleichsam seinen eigenen Roman, und da jeder ein Buch anders liest, es mit eigenen Erfahrungen, Gedanken und Gefühlen auffüllt, kommt jeder zu einer anderen Geschichte und zu einem anderen Sinn. Ich gebe deshalb keine Interpretationen vor und urteile auch nicht über die Interpretationen anderer. Das macht vielleicht euer Lehrer und der darf das auch, weil er durchaus bewerten kann, ob eine Interpretation schlüssig und gut begründet ist.

Nach dieser Vorrede will ich nun versuchen, eure Fragen zu beantworten.

Zu 1) Ein Roman ist keine Warnung, sondern eine Erzählung. Ich will etwas erzählen, etwas, das mich bewegt, aber ich will nicht warnen. Das ist mehr die Aufgabe von Eltern, Lehrern, Politikern oder Polizisten. Ihr könnt aber Schlüsse aus meiner Erzählung ziehen und euch nach der Lektüre sozusagen selbst warnen. Das ist in Ordnung. Aber ich will niemanden warnen, ich will nicht in andere Leben eingreifen.

Bei eurem nächsten Punkt habt ihr recht. Ich habe viel über den Terror von Gleichheit nachgedacht. Das Eigene, die Individualität ist sehr wichtig, und im Namen der Gleichheit ist sehr viel Unglück über die Menschheit verhängt worden. Denkt an die Volksgemeinschaft der Nazis oder die Gleichmacherei in sozialistischen Staaten. Ludwig ist ein Mensch, der einem anderen das Eigene nehmen will. Er, denke ich, schafft sich Johann als Abbild seiner selbst. Das sollte aber nur Gott tun, weil er das, was er tut, mit Güte tut, nehme ich an. Johann soll nur als Abbild von Ludwig leben dürfen. Weil er sich etwas Eigenes erhält, die Liebe zu Vera, hat er in Ludwigs Augen sein Recht auf Leben verwirkt. Das ist die Geschichte, die ich erzählen wollte. Wenn jetzt jemand sagt, dass Gleichheit auch etwas Gutes hat, widerspreche ich nicht. Ich wollte aber die Geschichte vom Bösen in der Gleichheit erzählen.

Ich würde Zwillinge nicht gleich anziehen. Jeder ist einmalig, und die gleiche Kleidung hebt das ein bisschen auf.

Zu 2) Nein, ich habe keine Freundschaft gehabt wie die von Johann und Ludwig. Ich habe aber solche Freundschaften beobachtet, auch zwischen Mann und Frau. Ich hatte in meiner Jugend keinen engen Freund, habe mir aber einen gewünscht. Vielleicht habe ich deshalb die Freundschaft schlecht enden lassen. Weil es dann nicht so schwer fällt, das nicht gehabt zu haben. Aber letzten Endes weiß ich nie so genau, warum ich einen Roman schreibe. Er geschieht mir mehr. Mein Interesse an der politischen Idee von Gleichheit hat aber sicherlich einen Einfluss gehabt.

Zu 3) Ich habe vor allem mit Schülern viel über *Zweier ohne* gesprochen. Manchmal laden mich Klassen ein, und dann versuche ich, einen Besuch möglich zu machen. Ich werde dann oft überrascht von den Interpretationen, aber die meisten halte ich für zulässig. Wie gesagt, jeder liest sein eigenes Buch, wenn er *Zweier ohne* liest. Mich hat anfangs irritiert, dass viele Schüler sich stark mit der Frage auseinandersetzten, ob Ludwig schwul ist oder nicht. Das spielte beim Schreiben keine Rolle.

Zu 4) Ich habe nicht daran gedacht, dass dieser Roman viel von Jugendlichen gelesen wird. Ich habe deshalb keine Rücksicht auf die Empfindungen von Jugendlichen genommen. Der Autor eines Erwachsenenromans muss frei sein, er darf keine Schere im Kopf haben und nicht an den Verkauf denken. Tatsächlich haben die Sexszenen der Verbreitung stark geschadet. Das Buch sollte Prüfungsthema für zehnte Klassen in Baden-Württemberg werden. Eine Lehrer-Kommission hatte es ausgewählt. Das wären 45 000 Leser gewesen. Dann wurde mir mitgeteilt, das Kultusministerium habe den Vorschlag der Lehrer abgelehnt, zum ersten Mal überhaupt.[27] Zu viel Sex, war die Begründung. Das war einerseits traurig, weil ich natürlich gerne viele Leser hätte, aber ich habe selbstverständlich nicht bereut, das Buch so geschrieben zu haben, wie ich es geschrieben habe. Der Sex gehört dazu.

Zu 5) Das ist so eine überraschende Interpretation. Der Titel bezeichnet einfach das Boot, den Zweier ohne Steuermann. Er hat hier aber den Doppelsinn, dass es um eine totalitäre Zweierbeziehung geht, zwei ohne jeden anderen.

Eure Interpretation von Ludwigs Charakter halte ich für plausibel, ich möchte mich da aber nicht festlegen. Versteht das bitte.

Zu 6) Ich habe eigentlich gar nicht recherchiert. Ich habe als Jugendlicher gerudert, und die Brücke ist ein Ort meiner Jugend, die Autobahnbrücke über dem Ruhrtal zwischen Essen und Düsseldorf. Ein Freund von mir hat unter dieser Brücke gelebt, und ihm sind oft Selbstmörder in den Garten gesprungen. Das konnte ich aus meiner Erinnerung schöpfen. Der Rest ist Phantasie, Denken. Ich trage einen Roman in der Regel zwei bis drei Jahre mit mir rum, denke manchmal mit bedrängender Intensität darüber nach, vergesse ihn dann wieder. Ich mache mir Notizen über meine Gedanken, und so fügt sich die Geschichte allmählich zusammen. Wenn ich anfange

---

27 Der Briefwechsel stammt aus dem Jahr 2008. Für den Realschulabschluss 2014 hat Baden-Württemberg für die Prüfung *Zweier ohne* ausgewählt, allerdings wurde zum ersten Mal ein Alternativwerk (Frisch: *Andorra*) zur Seite gestellt.

zu schreiben, steht die Geschichte. Und dann ändert sie sich beim Schreiben. Manchmal ist es so, als würden meine Figuren mehr über mich herrschen als ich über sie. Die machen einfach, was sie wollen.

Es hat mir Spaß gemacht, eure Fragen zu beantworten. *Zweier ohne* wurde übrigens gerade verfilmt und wird wohl im Herbst in die Kinos kommen.

Mich würde die Doktorarbeit von Frau Pfäfflin interessieren. Wo ist sie erschienen?

Euch viel Erfolg und Spaß in der Schule, Ihnen auch.

Herzlich,

Dirk Kurbjuweit"[28]

Rezension zur Verfilmung

Marie Anderson: *Zweier ohne*. Ein Team ohne Steuermann

„Gegen die verstörenden Bollwerke der Außenwelt beim Erwachsenwerden gibt es kein wirk- und heilsameres Gegenmittel als einen Verbündeten in gleicher Situation, einen loyalen Gefährten – einen guten, wenn nicht gar besten Freund. Jobst Christian Oetzmanns Coming-of-Age-Film *Zweier ohne* erzählt die Geschichte einer solchen Freundschaft, die aus einer gemeinsamen Passion erwächst: dem Rudersport, bevorzugt in der Bootsklasse Zweier ohne Steuer-

---

28 Brief an die Schüler einer 10. Klasse. Im Internet: http://ngbuesum.de/wikka/wikka.php?wakka=AntwortKurbjuweit (Stand: April 2013)

mann, die ein Höchstmaß an Koordination und Synchronisation von den Sportlern erfordert.

Als die beiden 17-jährigen Schüler Johann (Tino Mewes) und Ludwig (Jacob Matschenz) aufeinandertreffen, entwickelt sich aus der anfänglich über das gemeinsame Sportrudern entstandenen Verbindung rasch eine intensive Beziehung. Während Johann, der bei seiner Mutter (Lena Stolze) lebt, ein zurückhaltendes, stilles Wesen beherbergt, ist der auffällige Ludwig ein lebenshungriger, explosiv spontaner Mensch, der in schwierigen Verhältnissen mit seinem Vater (Peter Harting) und seiner Schwester Vera (Sophie Rogall) zusammenlebt und gerade in einer heftigen Sinnkrise watet. Es ist Ludwig, der Johann dafür gewinnt, dass sie ihre Freundschaft auch äußerlich sichtbar verfestigen, woraufhin sich beide rituell den Schädel kahl rasieren und die gleichen Klamotten zulegen, so dass sie nun nicht nur auf dem Wasser, sondern bei jeder Gelegenheit im Partner-Look auftreten. Gemeinsam erobern sie erfolgreich eine Regatta nach der anderen – die Dreharbeiten dazu fanden auch auf der Regatta-Bahn des Fühlinger Sees in Köln statt – als kaum zu schlagendes, harmonisiertes und markantes Team, was ihre Verbindung noch stärker werden lässt, die von ihrem sozialen Umfeld bedenklich beobachtet wird.

Doch dann erscheinen Risse auf der Oberfläche des undurchlässig verschlossenen Freundschaftsterritoriums, als Johann sich intensiv für Ludwigs Schwester Vera zu interessieren beginnt, deren feinfühliger Charakter den jungen Mann anzieht. Die Annäherung der beiden ereignet sich im Verborgenen, da sie ahnen, dass ihre Zuneigung auf wenig Verständnis bei Ludwig stoßen wird, der anscheinend etwas ahnt und zunehmend mit Missbilligung reagiert, die sich in wütenden und schließlich auch handgreiflichen Ausbrüchen entlädt, die zeigen, in welch tief liegenden Konflikten dieser gefangen ist, der den frühen Tod seiner Mutter noch nicht verarbeitet hat. Aber als Ludwig volljährig wird und seinen Führerschein bekommt, geht es endlich auf die längst geplante Motorrad-Tour, die die innige, unangreifbare Freundschaft wieder heraufbeschwören soll, doch Johann muss bald feststellen, dass bei Ludwig gewaltige Aggressionen schwelen …

Vom vielschichtigen Titel über die stimmige, dramatische Geschichte bis hin zu den hervorragenden Akteuren und der spannenden Inszenierung ist *Zweier ohne* ein gelungener Jugend-Film, der mit starken Bildern die schwierigen Aspekte des Heranwachsens anhand einer extremen Jungenfreundschaft aufzeigt, die sich nach einer Symbiose sehnt, die letztlich nur in der Abschottung fortbestehen kann – und dann zerbröckelt, als sich einer der Freunde anschickt, diesen engen Raum zu verlassen. Dabei wird der Blick auf die unterschiedlichen Perspektiven der Figuren gelenkt, so dass die Entwicklungen mit Ambivalenz betrachtet werden können und der Wert einer solch intensiven Beziehung weder absolut gesetzt, noch verteufelt wird – eine Haltung, die zu einer Reflexion des Freundschaftsbegriffs in unterschiedlichen Lebensphasen anregt. Tino Mewes […] und Jacob Matschenz […] verkörpern das Gespann genauso fabelhaft in euphorischer Einigkeit wie in zwistiger Konfrontation – eine Leistung, die in hohem Maße die Qualität des Films ausmacht.

Regisseur Jobst Christian Oetzmann, der bereits einige Fernsehfilme auch in der Reihe Tatort realisiert hat und für seinen ersten Kinofilm *Die Einsamkeit der Krokodile* 2001 mit dem Bayerischen Filmpreis ausgezeichnet wurde, legt mit *Zweier ohne* erneut einen Stoff vor, der auf einer literarischen Vorlage des Spiegel-Journalisten Dirk Kurbjuweit basiert, der sich auch als Autor von Romanen einen Namen gemacht hat. Diese zweite Geschichte im Kinoformat, die sich ebenfalls mit den Lebenswelten Jugendlicher beschäftigt, ist filmisch im Vergleich zur ersten um einiges gereift und weist dabei wie diese das Geschick des Autors sowie des Regisseurs aus, die inneren Befindlichkeiten ihrer Protagonisten in eindringlicher Weise zu veranschaulichen."[29]

---

29 Anderson, Marie: „*Zweier ohne*. Ein Team ohne Steuermann". Im Internet: http://www.kino-zeit.de/filme/zweier-ohne (Stand: April 2013)

6. PRÜFUNGSAUFGABEN MIT MUSTERLÖSUNGEN

Aufgabe 1

„Wir müssen immer das Gleiche tun, wir müssen immer das Gleiche wollen, wir müssen immer das Gleiche denken. [...] Und wenn einer von uns einen Grund hat, von dieser Brücke zu springen, dann muss das auch ein Grund für den anderen sein, von dieser Brücke zu springen, verstehst du? Willst du das? Ich wollte. Ich war sehr glücklich an diesem Abend. Wir waren Freunde und jetzt würden wir Zwillinge werden." (2. Kap., S. 26, Z. 12 ff.)

Erläutern Sie, inwiefern die Freundschaft zwischen Johann und Ludwig trotz des „Zwillingsgelübdes" von Anfang an gefährdet ist.

Mögliche Lösung in knapper Fassung:

Konzeption

Einleitung: das Motiv der Zwillinge und Titel der Novelle;

Hauptteil: die Position des Erzählers; Entwicklung der Freundschaft – Gefährdungen;

Schluss: die Folgen des Unfalls und die Bedeutung von Freundschaften für die Identitätsfindung.

Einleitung

Bestreben der Jungen, wie Zwillinge zu sein, durchzieht die ganze Novelle; bezieht sich zum einen auf ihren Rudersport (Konkurrenz ist ihnen durch „echte" Zwillinge aus Potsdam erwachsen), zum anderen auf ihr gesamtes Leben (einschließlich der Zeit nach der Schule, vgl. Zukunftspläne); Titel ist so mehrdeutig: Zweier ohne Steuermann, Ausschließlichkeit der Zweierbeziehung über den Sport hinaus.

Hauptteil

Die Position des Erzählers: sehr subjektive Sichtweise aus der Retrospektive: Johann rekapituliert die Geschehnisse, nimmt Ludwig in Schutz, will die Gefährdungen nicht wahrhaben, die in seinem Bericht trotzdem offensichtlich werden.

Die Position des Erzählers

Beginn der Freundschaft: Umstände eher ungewöhnlich, auch bedrückend, an sich kein gutes Zeichen für eine harmonische Freundschaft; bedrohliche Brücke, seltsames Elternhaus Ludwigs, Selbstmord des Mädchens; Johann zweifelt, ob Ludwig sein Freund sein könne; aber: souveränes, angstfreies Auftreten Ludwigs nicht nur bei der Einführung in der Klasse, sondern insbesondere beim Umgang mit der Leiche; zeigt von Anfang an, dass Ludwig der Dominante, der Bestimmende ist, dem Johann folgt, da ihm Angst und Unsicherheit genommen werden (zeigt sich auch darin, dass Ludwig der Schlagmann im Boot und der Fahrer des Motorrades ist).

Beginn der Freundschaft

Einige Beispiele für die wenig gleichberechtigte, asymmetrische Beziehung:

Beispiele für die unausgewogene Beziehung

Ludwig nötigt seinen Freund immer wieder zu (lebensgefährlichen) Mutproben; verlangt von ihm sogar im Extremfall den Tod (vgl. Eingangszitat); initiiert das Liebeserlebnis mit Josefine; „verbietet" Johann den weiteren Umgang mit ihr sowie mit Marco; zeigt Aggressivität, in die auch Johann einbezogen wird (Schlägerei mit Josefines Brüder, Prügelei mit Vera); lässt es zu, dass Johann die Schuld für das Fahren ohne Führerschein auf sich nimmt; nötigt Johann kurz vor dem Landesentscheid aufgrund seiner „Fressattacken" zu hungern; verwirft einseitig das „Turmprojekt"; auch in der bizarren Geschichte vom Bauern, der Selbstmord begangen hat, setzt Ludwig seinen Willen durch.

Kommunikationsprobleme

Insgesamt durchaus gravierende Kommunikationsprobleme, die aber Johann nicht wahrhaben will, er gibt Ludwig immer Recht und behauptet mitunter im Nachhinein, wie Ludwig gedacht zu haben.

Diese Verständigungsschwierigkeiten zeigen sich vor allem auch in der Beziehung zwischen Johann und Vera, über die Ludwig nicht in Kenntnis gesetzt wird (obwohl immer wieder beteuert wird, dass man ihm dies sagen müsse): hier geht Johann seinen eigenen Weg, bricht aus Sicht Ludwigs (der, so muss man vermuten, von der Liebe seiner Schwester zu seinem Freund weiß) das „Zwillingsgelübde"; dies ist umso gravierender, wenn man das Verhalten Ludwigs so deutet, dass er sich auch sexuell zu Johann hingezogen fühlt (jedoch weiß, dass Johann nicht homosexuell verlangt ist – vgl. dessen Liebeserlebnis mit Josefine und die Beziehung zu Vera).

Möglicherweise wollte er sich deswegen umbringen und Johann mit in den Tod nehmen, der im oben zitierten „Zwillingsgelübde" ja die Möglichkeit des gemeinsamen Sterbens bejaht hat; auch in der Analyse der Katastrophe zeigt sich das gleiche Schema: Ludwig bestimmt alleine, ist besitzergreifend und machtbewusst, Johann wehrt im Nachhinein die Beschuldigung Veras ab, lässt keine Kritik an seinen Freund zu.

Resümee

Resümee: Die ungewöhnliche Freundschaft, die viele positive Aspekte hat (gibt Sicherheit, Geborgenheit, Zuversicht, Selbstvertrauen, führt zu großen sportlichen Erfolgen, ist mit Glück und Freude verbunden z. B. bei der Reparatur des Motorrades), ist von Anfang an unterschwellig gefährdet, da nicht gleichberechtigt, ohne dass dies Johann wahrnehmen oder stören würde.

Schluss

Der Ausschließlichkeitsanspruch der Freundschaft von Seiten Ludwigs führt dazu, dass Johann im Grunde in seiner Entwicklung gehemmt wird, er hat von dem Unfall nicht nur körperliche Blessuren davongetragen, sondern auch psychische; er kann selbst nach Jahren nur mit viel Wärme und weitgehend ohne Distanz von Ludwig reden, muss verdrängen, dass sein Freund ihn vielleicht umbringen wollte (er müsste möglicherweise dann auch seine eigene Schuld eingestehen); deshalb trennt er sich von Vera und ist offensichtlich nicht fähig, längere Bindungen einzugehen.

So ist festzuhalten, dass Freundschaften für den Menschen sehr wichtig und gerade in der Jugend für die Identitätsfindung unverzichtbar sind; andererseits darf der eine den anderen nicht völlig vereinnahmen; Ziel wäre eine gleichberechtigte, symmetrische Freundschaft (wie sie in Schillers Ballade *Die Bürgschaft* idealtypisch dargestellt wird).

Aufgabe 2

Der deutsche Schriftsteller Theodor Fontane (1819–1898) schrieb in einem Brief vom 18. 08. 1880:

„[…] und das erste Kapitel ist immer die Hauptsache und in dem ersten Kapitel die erste Seite, beinahe die erste Zeile. […] Bei richtigem Aufbau muss in der ersten Seite der Keim des Ganzen stecken.“[30]

Überprüfen Sie, inwiefern diese Aussage auch für den Beginn der Novelle *Zweier ohne* von Dirk Kurbjuweit zutrifft. Berücksichtigen Sie dabei die Textstelle von S. 5 bis S. 7, Z. 10 (Beginn der Novelle bis „Wir hatten die Angst, die man hat, wenn andere etwas Verbotenes tun, aber die Strafe alle treffen wird.“).

Mögliche Lösung in knapper Fassung:

Konzeption

Einleitung: Erläuterung, was mit dem „Keim des Ganzen“ gemeint ist;
Hauptteil: Bedeutung von Symbolen und Motiven;
Untersuchung der Textstelle im Hinblick auf Symbole und Motive (Vorausdeutungen);
Schluss: Fontanes Zitat auf die Novelle anwendbar, Hinweis auf die kunstvolle Komposition der Novelle.

Einleitung

„Keim des Ganzen“ in *Zweier ohne*: zentrale Thematik: Freundschaft, Angst, Tod (Identitätssuche)

---

30 Fontane, Theodor: *Briefe in zwei Bänden*, ausgewählt und erläutert von Gotthard Erler. Nymphenburger Verlagsbuchhandlung, München 1981, Band 2, S. 26.

Hauptteil

Symbole und Motive sind z. B. Gegenstände und Vorgänge, die eine über sich hinaus weisende Bedeutung haben, sie haben eine textverknüpfende Funktion, können vorausdeutend sein, d. h. es handelt sich um die andeutende Vorwegnahme eines erst später eintretenden Ereignisses; dies muss dem Leser beim ersten Lesen gar nicht bewusst sein, doch wird sein Interesse ebenso geweckt wie seine Einbildungskraft.

Symbole und Motive

Symbole und Motive mit vorausdeutendem Charakter im Textausschnitt:

→ Erster Satz: „das Mädchen, das vom Himmel fiel": Motiv des Todes (noch verschleiert), die zwei zentralen Themen werden im ersten Satz genannt: Tod und Freundschaft (und damit – aufgrund der Kombination – im Grunde auch die Gefährdung der Freundschaft); indirekt wird auch ein zentrales Symbol eingeführt, denn das Mädchen fällt nicht vom Himmel, sondern springt von der Brücke.

→ Zeile 2–6: Gegensatz bezüglich der äußeren Situation der Elfjährigen: Johann liegt wach (fühlt sich in dem Haus unwohl, ist ängstlich), Ludwig schläft (ist an das Haus, die Geräusche gewohnt), noch sind die zwei keine Freunde, Johann überlegt, ob Ludwig überhaupt sein Freund sein könne (vgl. Z. 16 f.: „Ich war nicht sicher, ob Ludwig zu mir passt."); die Unterschiede, die hier angedeutet werden, bleiben im Grunde bestehen, auch wenn die beiden zwischenzeitlich eine sehr enge Freundschaft pflegen.

→ Zeile 6: Erwähnen der Brücke, die eng verknüpft ist mit dem Todesmotiv (steht aber auch für Abenteuer und Freundschaft; vgl. die Mutproben); nähere Beschreibung der Brücke in Z. 30 ff., verdeutlicht die Größe (und damit auch das Faszinierende und Bedrohliche) des Bauwerks; ein Zeichen der Reifung und des Erwachsenwerdens ist, dass mit der Zeit die Höhe der Brücke realistischer eingeschätzt wird (Johann tut sich bis ins Erwachsenenleben offensichtlich schwer, seinen Freund Ludwig richtig wahrzunehmen/einzuschätzen; in dieser Hinsicht ist die Identitätsfindung gestört).

→ Zeile 20 ff.: Es wird erwähnt, dass die beiden Jungen mit dem Schiff zu Ludwig gefahren sind, was als Hinweis auf ihre Liebe zum Wasser und als Vorausdeutung auf ihre Karriere im Rudersport gewertet werden könnte (darüber hinaus sind sie die einzigen Gäste auf dem Schiff – evtl. als Hinweis auf die Ausschließlichkeit der Freundschaft – vgl. Titel! – zu deuten).

→ Erinnerung an das erste Auftreten Ludwigs in der Klasse: selbstbewusst, kess, respektlos, schlagfertig, Wagemut und Kühnheit werden deutlich (auch eine gewisse Souveränität, die Ludwig in dieser Nacht beim Auffinden der Leiche zeigt, was den Ausschlag für das Besiegeln der Freundschaft gibt); Mitschüler empfinden Angst vor Strafe (die Freundschaft zum furchtlosen Ludwig – vgl. die Mutproben – wird auch geschlossen, weil so Johann Sicherheit bekommt und ihm die Angst genommen wird).

→ Erwähnung der Ballade Schillers: zentrales Thema/Motiv der Freundschaft wird durch Erwähnung des Gedichts angesprochen, dem Ideal der Männer in der klassischen Ideenballade können die beiden Jungen letztendlich aber nicht genügen.

Schluss

Fontanes These kann zugestimmt werden, da zentrale Themen, Motive, Symbole auf den ersten Seiten vorkommen; dadurch zeigt sich auch die Kunst des Autors, der sehr kunstvoll und stilbewusst – atmosphärisch dicht – die Novelle komponiert.

Aufgabe 3

„Die Novelle *Zweier ohne* von Dirk Kurbjuweit ist ein Dokument des Scheiterns sowohl des Ich-Erzählers als auch seines Freundes Ludwig."

Stellen Sie dar, inwiefern diese These zutrifft.

Mögliche Lösung in knapper Fassung:

Konzeption

Einleitung: Erläuterung des Begriffs „Scheitern"; das Thema des Scheiterns in anderen Werken (z. B. in Kurbjuweits Romanen);
Hauptteil: Scheitern der Vorstellung, als Zwillinge leben zu können; Scheitern Ludwigs; Scheitern Johanns;
Schluss: positive Gesichtspunkte der Freundschaft/Aspekte des Gelingens.

Einleitung

Begriffsklärung/Thema des Scheiterns in anderen Werken:

„Scheitern" bedeutet, die eigenen Wünsche und Vorstellungen nicht verwirklichen zu können; die Ziele, die man sich gesetzt hat, werden nicht erfüllt; in der Novelle wird auch angesichts des Alters der Protagonisten das Scheitern der Identitätsfindung thematisiert (Identitätsfindung meint u. a. zu sich selbst zu finden, Selbstbewusstsein zu entwickeln, sowohl die eigenen Fähigkeiten als auch seine Grenzen zu erkennen, seine eigene Unverwechselbarkeit wahrzunehmen, seine Rolle in der Gesellschaft zu finden). Das „Scheitern" wird in zahlreichen Werken der Literatur thematisiert, auch in Kurbjuweits Romanen werden immer wieder Personen mit den eigenen Unzulänglichkeiten konfrontiert und Fehlentwicklungen beschrieben (z. B. in dem Roman *Die Einsamkeit der Krokodile*, der von einem tragischen Außenseitertum handelt).

Hauptteil

Scheitern des Zwillingsprojekts

Scheitern der Vorstellung, als Zwillinge leben zu können:
Die Vorstellung, als Zwillinge zu leben, führt zu einer Überforderung, zu einer Ausschließlichkeit, die der eigenen Entwicklung nicht förderlich ist (vgl. das Ausschließen Marcos aus dem Freundesbund); die Freundschaft beruht nicht auf Gleichheit, es handelt sich um eine asymmetrische Beziehung, in der Ludwig die dominante Persönlichkeit ist (z. B. verlangt er von Johann Mutproben, er lenkt – noch ohne Führerschein – ganz selbstverständlich das Motorrad, lässt es zu, dass Johann die Schuld auf sich nimmt; auch ist er im „Zweier ohne" der Schlagmann, gibt also Takt und Tempo vor; es ist immer Johann, der „bürgen" muss, z. B., als Ludwig undiszipliniert isst und die Teilnahme am Landesentscheid gefährdet; anders als in Schillers Ballade *Die Bürgschaft* lässt sich das Ideal der Freundschaft nicht verwirklichen, die Fragwürdigkeit der Absolutsetzung dieser Freundschaft wird nicht erkannt. Zeichen des Scheiterns des „Zwillingsgelübdes" sind die Niederlage im Landesentscheid, die Unaufrichtigkeit Johanns hinsichtlich der Liebesbeziehung zu Vera sowie in besonderem Maße die Absicht Ludwigs, Johann bei dem selbst herbeigeführten Unfall mit zu töten.

Scheitern Ludwigs

Scheitern Ludwigs:
Ludwig muss erkennen, dass sich seine Lebensentwürfe und Fantasien nicht verwirklichen lassen. Beispielhaft sei der Turm genannt, den die beiden Freunde bauen wollen. Geht man davon aus, dass Ludwig homosexuell veranlagt ist, so kann konstatiert werden, dass er seine Neigungen nicht ausleben kann bzw. will. Er kann nicht akzeptieren, dass seine Vorstellungen von Freundschaft nicht zu realisieren sind, der Schritt zur Distanzierung gelingt ihm nicht (somit

auch nicht der Schritt zum Erwachsenwerden). Sein besitzergreifendes Verhalten geht so weit, dass er Johann den Umgang z. B. mit Marco und Josefine verbietet; die Beziehung seines Freundes zu Vera kann er allerdings nicht verhindern, seine Enttäuschung über das Missglücken seiner Absichten und Pläne führt schließlich in die Katastrophe, in den Selbstmord, der als Versuch eines erweiterten Suizids gewertet werden kann. Selbst wenn man von einem tatsächlichen Unglück ausgeht, bleibt festzuhalten, dass Ludwig gescheitert ist. Mitverantwortlich für dieses Scheitern ist die mangelnde Kommunikation innerhalb der Familie. In der Novelle wird nie erwähnt, dass Ludwig mit seinen Eltern oder seiner Schwester zielführend über seine Probleme spricht. Auch mit Johann ist – trotz der Versicherung, über alles sprechen zu können bzw. sich schweigend vollkommen zu verstehen – eine gelingende Kommunikation nur bedingt zu beobachten. Ludwig spricht nicht über seine Zweifel und Enttäuschungen, sondern reagiert körperlich und verbal aggressiv (vgl. die Prügelei mit Vera und Johann sowie die grobe Zurechtweisung Johanns, als er vom „Scheiß-Schlitzaugenturm" spricht) bzw. provoziert durch sein egozentrisches Verhalten (vgl. sein undiszipliniertes, maßloses Essen).

Scheitern Johanns:

Scheitern Johanns

Das Scheitern Johanns ist weniger offensichtlich, aber doch klar zu erkennen. Zum einen kann sein Verhalten in der Freundschaft kritisch betrachtet werden, da er die Dominanz Ludwigs akzeptiert und nie infrage stellt – selbst nicht nach den Vermutungen Veras hinsichtlich des Unfalls und auch in größerem zeitlichen Abstand nicht (vgl. dazu seine Erzählhaltung). Er ordnet sich unter, passt sich in vielen Situationen an. Der Schritt der Distanzierung, die kritischen Betrachtung des „Zwillingsprojekts" und des Verhaltens seines Freundes gelingen ihm nicht. Noch Jahre später rechtfertigt er das Tun Ludwigs, vielleicht auch deshalb, weil er nicht offen war, die Beziehung zu Vera verschwiegen hat (trotz aller Beteuerungen, sich zu offenbaren); vielleicht plagt ihn ein Schuldgefühl, das es ihm unmöglich macht, einen „erwachsenen", „reifen", kritischen Blick auf die Geschehnisse zu werfen. Rein äußerlich lässt sich sein Scheitern dahingehend feststellen, als dass er seine beruflichen Pläne nicht verwirklichen konnte, als Verkäufer arbeitet (evtl. sein Abitur nicht abgelegt hat). Auch hat er Schwierigkeiten, längere und intensivere Beziehungen einzugehen, nachdem er sich von Vera getrennt hat. Als äußeres Zeichen von Johanns Verletztheit, seiner dauerhaften Beschädigung kann man sein leichtes Hinken ansehen.

Schluss

Positive Gesichtspunkte der Freundschaft/Aspekte des Gelingens:

Selbst wenn man der These vom Scheitern der beiden Protagonisten zustimmen kann, sollte erwähnt werden, dass deren Freundschaft durchaus auch positive Aspekte hat: So sind sie nicht nur – trotz des nur knapp verlorenen Landesentscheids – sehr erfolgreiche Sportler, sondern geben sich auch gegenseitig Sicherheit. Sie unternehmen viel miteinander (reparieren z. B. das Motorrad zusammen), erleben Glücksgefühle und verbringen offensichtlich viel Zeit gerne miteinander. Wäre die Unmöglichkeit erkannt worden, eine so enge, symbiotische Beziehung auf Dauer aufrechtzuerhalten, hätten die beiden sich den Gefährdungen ihrer Freundschaft gestellt und entsprechende Schlüsse gezogen, wäre eine gelingende Identitätsbildung möglich gewesen (die für Johann ja immer noch erreichbar ist – vielleicht führt das angekündigte Treffen mit Vera zu einer intensiven, wenn auch schmerzhaften Auseinandersetzung mit dem Vergangenen, zur Selbsterkenntnis und zu einem Neuanfang).

LITERATUR

Zitierte Ausgabe:

Kurbjuweit, Dirk: *Zweier ohne*. Eine Novelle. Text und Kommentar (= Buchners Schulbibliothek der Moderne, Heft 34, kommentiert von Klaus Will). Bamberg: C. C. Buchners Verlag, 2010.

Sekundärliteratur:

Brief an die Schüler einer 10. Klasse. Im Internet: http://ngbuesum.de/wikka/wikka.php?wakka=AntwortKurbjuweit, (Stand: April 2013).

Bundeszentrale für gesundheitliche Aufklärung (Hg.): *Heterosexuell? Homosexuell? Sexuelle Orientierung und Coming-out … verstehen, akzeptieren, leben*. Köln: erweiterte Neuauflage 2004.

Freund, Wieland: *Kurbjuweit, Dirk*. In: Kraft, Thomas (Hg.): Lexikon der deutschsprachigen Gegenwartsliteratur seit 1945, Bd. 2. München: Nymphenburger Verlag, 2003, S. 767.

Kaulen, Heinrich: *Von Törleß zu Trainspotting. Über Jugend- und Adoleszenzromane zwischen Moderne und Postmoderne*. In: Extra, Beilage der Wiener Zeitung, 02. 04. 2009.

Kurbjuweit, Dirk: „Einer von mir. Schriftsteller werden oft gefragt: Was in Ihrem Roman sind Sie selbst? Die Antwort: alles." In: Der Spiegel 8/18. 02. 2013, S. 126 f. Im Internet: http://www.spiegel.de/spiegel/print/d-91056788.html (Stand: April 2013).

Kurbjuweit, Dirk: „Magersucht. Locker, Bahne, locker", in: Der Spiegel 45/05. 11. 2001. Im Internet: http://www.spiegel.de/spiegel/print/d-20521514.html (Stand: April 2013).

Pfäfflin, Sabine: *Auswahlkriterien für Gegenwartsliteratur im Deutschunterricht*. Hohengehren: Schneider Verlag, 2007, S. 58–117.

Stenzel, Jürgen: *Über die ästhetische Erziehung eines Tyrannen. Zu Schillers Ballade „Die Bürgschaft"*. In: Segebrecht, Wulf (Hg.): Gedichte und Interpretationen. Band 3: Klassik und Romantik. Stuttgart: Philipp Reclam jun., 1984, S. 169–180.

Rezensionen:

Anderson, Marie: „*Zweier ohne*. Ein Team ohne Steuermann". Im Internet: http://www.kino-zeit.de/dvd/zweier-ohne (Stand: April 2013).

Habermann, Kristina: „Ein Zwillingsgelübde bis über alle Grenzen. Dirk Kurbjuweits Novelle *Zweier ohne*". In: literaturkritik.de, Nr. 6, Juni 2003. Im Internet: http://www.literaturkritik.de/public/ rezension.php?rez_id=6046 (Stand: April 2013).

Hinrichsen, Jens: „Zweier ohne". Im Internet: http://www.filmzentrale.com/rezis2/zweierohnejh.htm (Stand: April 2013).

Jung, Jochen: „Auf die Erde gefallen". In: Der Tagesspiegel, 10. 02. 2002, S. 32. Im Internet: http://www.tagesspiegel.de/kultur/auf-die-erde-gefallen/289680.html (Stand: April 2013).

Nitsche, Claudia: „*Zweier ohne*. Gleich ticken bis zur Explosion." Im Internet: http://www.monstersandcritics.de/artikel/200841/article_106387.php/Film-Kritik-Zweier-ohne (Stand: April 2013).

Stempel, Ute: „Bodenlose Gemeinsamkeit. *Zweier ohne* – Dirk Kurbjuweits meisterhafte Novelle". In: Neue Zürcher Zeitung, 06. 12. 2001, S. 68.

Verfilmung

Zweier ohne – Die Geschichte einer bedingungslosen Freundschaft. Deutschland 2008.
Regie und Drehbuch: Jobst Christian Oetzmann.

STICHWORTVERZEICHNIS

KÖNIGS LERNHILFEN

Das Standardwerk in Sachen Filmanalyse – jetzt aktualisiert und erweitert. Deutsch 9. – 12. /13. Klasse

Stefan Munaretto
Wie analysiere ich einen Film?
9.–12./13. Klasse und Studenten im Grundstudium
ISBN: 978-3-8044-1588-1

Folgende Themenbereiche werden behandelt:

- Themen und Ideen
- Erzählung
- Montage
- Kamera
- Produktionsdesign
- Ton
- Genre
- Realismus
- Globalisierung
- Der Zuschauer
- Schauspiel

Mit Glossar und Filmregister

Die einzige Vorbereitung für alle Aufsatzthemen von der 10. Klasse bis zum Abitur – mit Kommentierungen und Musteraufsätzen.

Christine Frieps/Annett Richter
Das große Aufsatzbuch - von der 10. Klasse bis zum Abitur
ISBN: 978-3-8044-1584-3

33 bewertete und kommentierte Musteraufsätze

Themen aus dem Inhalt:

- Problemerörterung
- Literarische Erörterung
- Argumentierendes Schreiben
- Sachtextanalyse
- Erschließung eines Erzähltextes
- Erschließung eines Dramentextes
- Gedichtinterpretation

www.bange-verlag.de